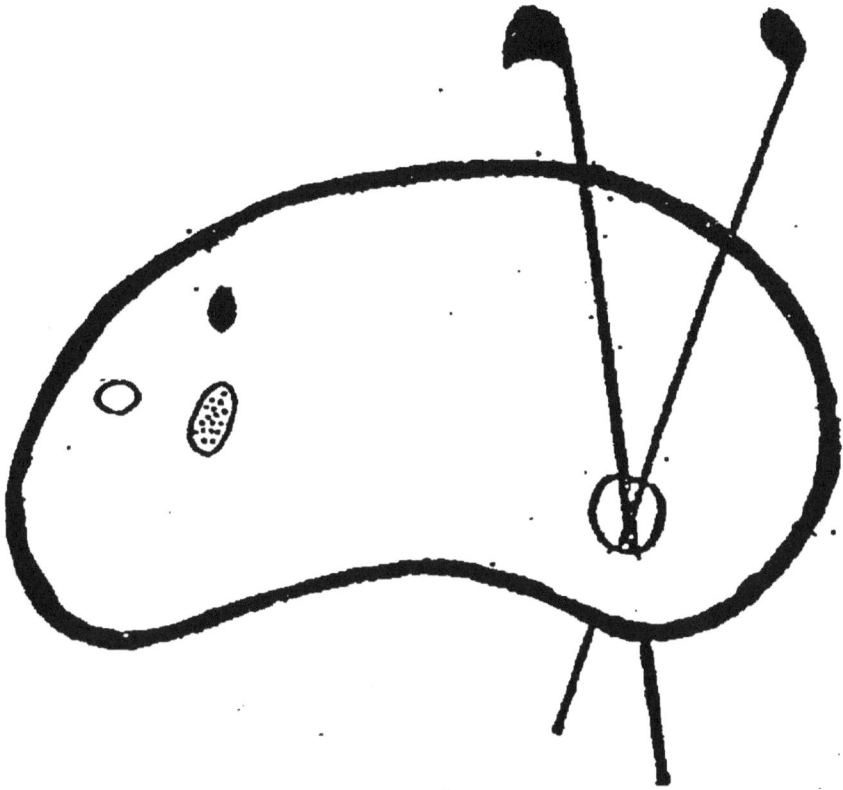

DEBUT D'UNE SERIE DE DOCUMENTS
EN COULEUR

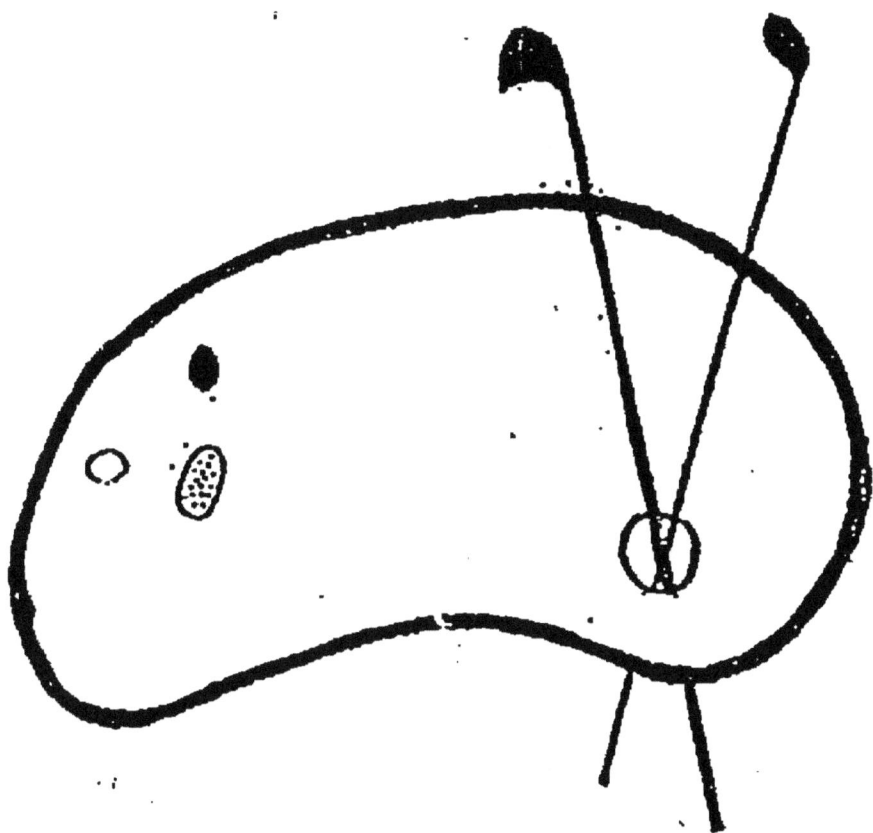

FIN D'UNE SERIE DE DOCUMENTS

L'AMI
DES ENFANTS

PAR BERQUIN.

CONTES ET HISTORIETTES.

LIMOGES
EUGÈNE ARDANT ET Cⁱᵉ, ÉDITEURS.

NOTICE SUR BERQUIN.

On a peu de renseignements biographiques sur Berquin, et cependant grand nombre de ses contemporains vivent encore. Tout ce qu'on peut apprendre d'eux, c'est qu'on ne pouvait trouver un homme d'un commerce plus agréable, d'une vie plus honnête, d'un caractère plus charmant, d'une modestie plus vraie.

BERQUIN (Armand) naquit à Bordeaux, vers l'an 1749. Sa jeunesse fut calme, studieuse; c'était un enfant docile et charmant, n'ayant d'autre volonté que celle de ses parents ou de ses maîtres, et pas de passion plus vive que celle de l'étude. Il passa dans sa patrie les belles et bonnes années de la jeunesse. Son goût pour les lettres, son désir de s'y dis-

tinguer, l'engagèrent à venir à Paris, la vraie patrie
des artistes et des poètes. Il avait vingt et un ans
quand il publia ses Idylles. Elles sont presque toutes
imitées de Gessner, poète allemand, de Wielland,
de Métastase. Ces traductions libres attirèrent sur
lui l'attention publique, et l'engagèrent, ainsi qu'il
le dit lui-même, à cultiver les fruits de son propre
fonds; et deux ans plus tard il publia un recueil de
romances pleines de sensibilité et de grâce.

En composant des romances, Berquin s'était pro-
posé un but auquel tendent rarement les auteurs de
ces sortes de poésies.

« La romance, dit-il, telle que je la conçois, entre-
tenant dans les familles une douce correspondance
entre les époux et les pères et les enfants, peut y
conserver le goût de l'innocence et de la simplicité,
et y ouvrir une ressource assurée aux bonnes mœurs.
C'est en partant de cette vue d'utilité sur la romance que j'ai songé à l'étendre un jour sur deux
classes trop négligées par nos poètes. Je veux dire
les jeunes filles et les enfants. »

On le voit, dès son début Berquin avait deviné sa
véritable vocation, celle d'écrire pour la jeunesse;
s'il n'avait composé que des romances ou des idylles,
il serait sans doute resté fort ignoré; c'est à ses ouvrages d'éducation qu'il doit la célébrité dont il
jouit.

Quelque temps après avoir donné son recueil de

romances, il publia l'*Ami des Enfants*. Cette publica-
tion n'était pas autre chose qu'un journal paraissant
périodiquement par petits cahiers tous les mois. Ce
livre eut un grand succès, et l'Académie française lui
décerna, en 1784, le prix accordé à l'ouvrage le
plus utile aux mœurs. Ce livre, le plus connu de
tous ceux de Berquin, n'est pas sans défaut; il en a
un très grand à nos yeux, celui d'être trop long.
C'était un journal, un journal avec des abonnés; et
tant qu'il eut pour lui la faveur publique, son unique rédacteur et propriétaire ne songea pas à y mettre un terme. Si Berquin avait voulu faire un livre,
il n'est pas douteux qu'il eût été plus difficile sur le
choix des sujets, et bien moins long dans la manière
de les traiter. L'*Ami des Enfants* contient aussi des
petits contes d'une naïveté vraiment trop puérile,
et quelques drames qui ne sont pas à la portée de
l'intelligence des enfants : nous avons dans cette
édition supprimé les uns et les autres, convaincu
que l'ouvrage ne pourrait que gagner à ces sup-
pressions.

Outre l'*Ami des Enfants*, Berquin publia divers ouvrages ayant pour titres : *Lecture pour les Enfants*,
l'*Ami de l'Adolescence*, l'*Introduction familière à la
connaissance de la Nature* (traduction libre de l'anglais, de miss Trimmer), *Sandfort et Merton*, le *Petit
Grandisson*, *Bibliothèque des Villages*, le *Livre de*

Famille, les *Historiettes pour les petits Enfants*, les *Tableaux anglais*.

Ces divers ouvrages sont écrits avec facilité, le style en est correct et fleuri, la morale douce et facile : plusieurs ne sont que des traductions ou des imitations; dans tous Berquin a su répandre les sentiments religieux et honnêtes dont son âme était remplie.

On a donné à Berquin le nom de son ouvrage principal; on l'appelle communément l'*Ami des Enfants*. Titre charmant et doux qu'il méritait bien, car il aimait ses enfants avec passion; il se plaisait dans leur compagnie, il y passait des heures, des journées entières; il partageait leurs jeux, leur racontait avec une grâce et une bonhomie charmante des historiettes où la morale et la vertu trouvaient toujours leur place.

BERQUIN

OU

L'AMI DES ENFANTS.

LE PETIT FRÈRE.

Fanchette s'était un jour levée de grand matin pour aller cueillir des fleurs, et en porter un bouquet à sa mère dans son lit ; comme elle se disposait à descendre, son père entra dans sa chambre en souriant, la prit dans ses bras, et lui dit : Bonjour, ma chère Fanchette, viens vite avec moi, je veux te montrer quelque chose qui te fera sûrement plaisir.

— Et quoi donc, mon papa? lui demanda-t-elle avec empressement.

— Dieu t'a fait présent cette nuit d'un petit frère lui répondit-il.

— Un petit frère ? ah ! où est-il? Voyons! menez-moi à lui, je vous prie.

Son père ouvrit la porte de la chambre où sa mère était couchée. Il y avait à côté du lit une femme étrangère que Fanchette n'avait pas encore vue dans la maison, et qui enveloppait le nouveau-né dans ses langes.

Ce furent alors mille et mille questions de la part de la petite fille. Son père y répondit de son mieux ; et il croyait avoir satisfait à tout, lorsque Fanchette lui dit : Mon papa, qui est cette vieille femme ? comme elle ballotte mon petit frère ! ne craignez-vous pas qu'elle ne lui fasse du mal ?

— Oh ! non, sois tranquille. C'est une bonne femme que j'ai envoyé chercher pour avoir soin de lui.

— Mais il appartient à maman. L'a-t-elle déjà vu ?

MADAME DE GENSAC, *entr'ouvrant le rideau de son lit.* Oui, Fanchette, je l'ai vu. Et toi, es-tu bien aise de le voir ?

— Oh ! fort aise, maman. C'est un très joli petit camarade que vous me donnez. Mon papa, voulez-vous le laisser jouer avec moi ?

— Cela n'est pas possible, il ne peut pas se tenir sur ses pieds. Vois-tu comme ils sont faibles ?

— Ah ! mon Dieu ! les petits pieds ! je vois que nous ne pourrons pas courir de longtemps ensemble.

— Patience ! il faut qu'il apprenne d'abord à marcher ; et ensuite vous pourrez gambader tous les deux dans le jardin.

— Est-il vrai ? O mon pauvre petit ! il faut que je te donne quelque chose pour t'accoutumer à m'aimer. Tiens, j'ai dans ma poche une image, prends-la. Mon papa, qu'est-ce donc ? il ne veut pas la prendre ; il tient ses petites mains fermées.

— Il ne sait pas encore l'usage qu'il peut en faire. Il faut attendre quelques mois.

— A la bonne heure. Je te donnerai tous mes joujoux. Eh bien ! cela te fait-il plaisir ? réponds-moi donc ! Il me semble qu'il sourit. Appelle-moi Fanchette, Fanchette. Est-ce que tu ne veux pas parler ?

— Il ne parlera que dans deux ans. Mais toi, prends garde d'étourdir ta mère de ton caquet.

-- Ah! mon papa! voilà son visage tout bouleversé, il pleure; apparemment qu'il a faim. Doucement, monsieur, je vais vous chercher quelques friandises.

— Ne te mets pas en peine de sa nourriture. Il n'a pas de dents; comment pourrait-il manger?

— Il ne peut pas manger! De quoi vivra-t-il donc? est-ce qu'il va mourir?

MADAME DE GENSAC. Non, ma fille. Dieu a mis du lait dans mon sein pour en nourrir ton petit frère. Il est encore bien faible; mais dans quelque mois, tu verras, il se roulera à terre comme un petit agneau.

— Qu'il me tarde de le voir comme cela! Mais voyez donc, mon papa, la mignonne tête. Je n'ose pas y toucher.

— Tu peux y toucher, mais bien doucement.

— Oh! bien doucement. Mon Dieu, qu'elle est molle! c'est comme du coton.

— La tête de tous les petits enfants est comme celle de ton frère.

— S'il venait à tomber, il se la romprait en mille pièces.

MADAME DE GENSAC. Sûrement. Mais nous aurons bien soin de le tenir, pour qu'il ne tombe pas.

M. DE GENSAC. Sais-tu bien, Fanchette, qu'il y a cinq ans tu étais aussi petite?

— Moi, j'ai été comme cela? Vous vous moquez, mon papa.

— Non, non; rien de plus vrai.

— Je ne m'en souviens pas, pourtant.

— Je le crois. Te souviens-tu du temps où j'ai fait tapisser cette chambre?

— Elle a toujours été comme elle est.

— Point du tout; je l'ai fait tapisser dans un temps où tu étais aussi petite que ton frère.

Eh bien! je ne m'en suis pas aperçue.

— Les petits enfants ne voient rien de ce qui se passe autour d'eux. Lorsque ton frère sera à ton âge, demande-lui s'il se souvient que tu aies voulu lui apprendre aujourd'hui à prononcer ton nom? Tu verras s'il se le rappelle.

— J'ai donc pris du lait de maman?

— Sans doute. Si tu savais toutes les peines qu'elle s'est données pour toi! tu étais si faible que tu ne pouvais rien prendre; nous craignions à tout moment de te voir mourir. Ta mère disait : Ma pauvre enfant, si elle allait tomber en faiblessse! Et elle a eu une peine infinie à te faire sucer quelques gouttes de lait.

— Ah! ma chère maman, c'est donc vous qui m'avez appris à me nourrir?

— Oui, ma fille. Après que ta mère eut réussi à te faire prendre de toi-même la première nourriture, tu devins grasse et réjouie. Pendant près de deux ans, ce furent tous les jours et à toutes les heures du jour les mêmes soins. Quelquefois, lorsque ta mère s'était endormie de fatigue, tu troublais son sommeil par tes cris. Il fallait qu'elle se levât pour courir à ton berceau et te présenter son sein.

— J'ai donc eu la tête aussi faible que celle de mon frère?

— Aussi faible, ma fille.

— Moi qui l'ai si dure à présent! Mon Dieu, j'aurais dû me la casser mille fois.

Nous avons eu pour toi tant d'attentions! Ta mère a renoncé pour un temps à tous les plaisirs; elle a négligé toutes ses sociétés, pour ne pas te perdre un seul instant de vue. Lorsqu'elle était obligée de sortir pour des devoirs et des affaires indispensables, elle était toujours dans les transes. Ma chère Gothon, disait-elle à ta gouvernante, je vous recommande Fan-

chette comme votre propre enfant. Et elle lui faisait
continuellement des cadeaux pour l'engager à te soigner avec plus de vigilance.

— Ah ! ma bonne maman ! Mais, mon papa, est-ce
qu'il y a eu un temps où je ne savais pas courir ? je
cours si bien à présent ! Voyez, en trois pas je suis au
bout de la chambre. Qui est-ce donc qui me l'a appris ?

— Ta mère et moi, nous t'avions mis autour de la
tête un bandeau de velours bien rembourré, afin que,
si tu venais à tomber, tu ne te fisses pas de mal ; nous
te tenions par des lisières pour aider tes premiers pas ;
nous allions tous les jours dans le jardin sur la pièce de
gazon, et là, nous plaçant vis-à-vis l'un de l'autre, à
une petite distance, nous te posions toute seule debout au milieu, et nous te tendions les bras, pour t'in-
viter à venir tantôt à l'un tantôt à l'autre. Le plus léger faux pas que tu faisais nous tournait le sang. C'est
à force de répéter ces exercices que nous t'avons appris à marcher.

— Je n'aurais jamais cru vous avoir donné tant de
peines. Est-ce vous aussi qui m'avez enseigné à parler ?

— C'est nous encore. Je te prenais sur mes genoux,
et je répétais les mots de papa et de maman, jusqu'à
ce que tu fusses en état de me les bégayer. Tous les
mots que tu sais aujourd'hui, c'est nous qui te les
avons appris de la même manière ; tu dois te souvenir
que c'est nous aussi qui t'avons montré à lire.

— Oh ! je me le rappelle à merveille. Vous me faisiez
mettre à table entre vous deux. On nous apportait au
dessert une assiette pleine de raisins secs, et de petits
carrés où il y avait des lettres moulées. Lorsque j'avais
bien réussi à les nommer, vous me donniez quelques
grains de raisin.

— Si nous n'avions pas pris tous ces soins de toi, si nous t'avions abandonnée à toi-même, que serais-tu devenue?

— Il y a bien longtemps que je serais morte. Oh! le bon papa, la bonne maman que vous êtes!

— Et cependant tu donnes quelquefois du chagrin à ton papa, tu es désobéissante envers ta maman!

— Je ne le serai plus de ma vie; je ne savais pas tout ce que vous aviez fait pour moi.

— Remarque bien les soins que nous allons avoir pour ton frère, et dis en toi-même : Et moi aussi, j'ai donné autant de peine à mes parents.

Cet entretien fit une vive impression sur Fanchette; et lorsqu'elle voyait toute la tendresse que sa mère montrait à son petit frère, toutes les inquiétudes qui l'agitaient sur sa santé, toute la patience qu'il lui fallait pour lui faire prendre sa nourriture, combien elle était affligée lorsqu'elle entendait ses cris, avec quel empressement son père la soulageait d'une partie des soins, comme l'un et l'autre se fatiguaient pour apprendre à l'enfant à marcher et à parler, elle se disait dans son cœur : Mes chers parents ont pris les mêmes peines pour moi. Ces réflexions lui inspirèrent tant de tendresse et de reconnaissance pour eux, qu'elle observa fidèlement la promesse qu'elle leur avait faite de ne leur causer jamais volontairement aucun chagrin.

LES QUATRE SAISONS.

Ah! si l'hiver pouvait durer toujours! disait le petit Fleuri au retour d'une course de traîneaux, en s'amu-

sant dans le jardin à former des hommes de neige.
M. Gombault, son père, l'entendit, et lui dit : Mon fils,
tu me ferais plaisir d'écrire ce souhait sur mes tablettes. Fleuri l'écrivit d'une main tremblante de
froid.

L'hiver s'écoula, et le printemps survint.

Fleuri se promenait avec son père le long d'une
plate-bande où fleurissaient des jacinthes, des auricu-
les et des narcisses. Il était transporté de joie en respi-
rant leur parfum et en admirant leur fraîcheur et leur
éclat.

— Ce sont les productions du printemps, lui dit
M. Gombault : elles sont brillantes, mais d'une bien
courte durée.

— Ah ! répondit Fleuri, si c'était toujours le printemps !

— Voudrais-tu bien écrire ce souhait sur mes tablettes ? Fleuri l'écrivit en tressaillant de joie.

Le printemps fut bientôt remplacé par l'été.

Fleuri, dans un beau jour, alla se promener, avec
ses parents et quelques compagnons de son âge, dans
un village voisin. Ils trouvaient sur la route tantôt des
blés verdoyants qu'un vent léger faisait rouler en on-
des comme une mer doucement agitée, tantôt des prai-
ries émaillées de mille fleurs. Ils voyaient de tous côtés
bondir de jeunes agneaux, et des poulains pleins de
feu faire mille gambades autour de leurs mères. Ils
mangèrent des cerises, des fraises et d'autres fruits de
la saison, et ils passèrent la journée entière à s'ébat-
tre dans les champs.

— N'est-il pas vrai, Fleuri, lui dit M. Gombault en
s'en retournant à la ville, que l'été a aussi ses plaisirs ?

— Oh ! répondit-il, je voudrais qu'il durât toute l'an-

née! Et, à la prière de son père, il écrivit encore ce
souhait sur ses tablettes.

Enfin l'automne arriva.

Toute la famille alla passer un jour en vendanges : il
ne faisait pas tout-à-fait si chaud que dans l'été ; l'air
était doux et le ciel serein ; les ceps de vigne étaient
chargés de grappes noires, ou d'un jaune d'or ; les melons rebondis, étalés sur des couches, répandaient une
odeur délicieuse ; les branches des arbres courbaient
sous le poids des plus beaux fruits. Ce fut un jour de
régal pour Fleuri, qui n'aimait rien tant que les raisins,
les melons et les figues. Il avait encore le plaisir de les
cueillir lui-même.

— Ce beau temps, lui dit son père, va bientôt passer : l'hiver s'achemine à grands pas vers nous pour
rappeler l'automne.

— Ah ! répondit Fleuri, je voudrais bien qu'il restât
en chemin, et que l'automne ne nous quittât jamais.

— En serais-tu bien content, Fleuri ?

— Oh! très content, mon papa, je vous en réponds.

— Mais, repartit son père en tirant ses tablettes de sa
poche, regarde un peu ce qui est écrit ici. Lis tout
haut.

FLEURI *lit* : « Ah ! si l'hiver pouvait durer toujours ! »

M. GOMBAULT. Voyons à présent quelques feuillets
plus loin.

FLEURI *lit* : « Si c'était toujours le printemps! »

M. GOMBAULT. Et sur ce feuillet-ci, que trouvons-
nous ?

FLEURI *lit* : « Je voudrais que l'été durât toute l'année !

M. GOMBAULT. Reconnais-tu la main qui a écrit tout
cela ?

— C'est la mienne.

— Et que viens-tu de souhaiter à l'instant même ?

FLEURI. « Que l'hiver s'arrêtât en chemin, et que l'automne ne nous quittât jamais.

M. GOMBAULT. Voilà qui est assez singulier. Dans l'hiver, tu souhaitais que ce fût toujours l'hiver ; dans le printemps, que ce fût toujours le printemps ; dans l'été, que ce fût toujours l'été ; et tu souhaites aujourd'hui, dans l'automne, que ce soit toujours l'automne. Songes-tu bien à ce qui résulte de cela?

— Que toutes les saisons de l'année sont bonnes.

— Oui, mon fils, elles sont toutes fécondes en richesses et en plaisirs ; et Dieu s'entend bien mieux que nous, esprits limités que nous sommes, à gouverner la nature.

S'il n'avait tenu qu'à toi, l'hiver dernier, nous n'aurions plus eu ni printemps, ni été, ni automne. Tu aurais couvert la terre d'une neige éternelle, et tu n'aurais jamais eu d'autres plaisirs que de courir sur des traineaux et de faire des hommes de neige. De combien d'autres jouissances n'aurais-tu pas été privé par cet arrangement!

Nous sommes heureux de ce qu'il n'est point en notre pouvoir de régler le cours de la nature. Tout serait perdu pour notre bonheur si nos vœux téméraires étaient exaucés.

LA NEIGE.

Après plusieurs annonces trompeuses de son retour, le printemps était enfin arrivé. Il soufflait un vent doux qui réchauffait les airs. On voyait la neige se fondre, les gazons reverdir, et les fleurs percer la terre : on n'entendait que le chant des oiseaux. La petite Louise

était déjà allée à la campagne avec son père. Elle avait
entendu les premières chansons des pinsons et des
merles, et elle avait cueilli les premières violettes. Mais
le temps changea encore une fois. Il s'éleva tout-à-
coup un vent du nord violent, qui sifflait dans la forêt, et couvrait les chemins de neige. La petite Louise
entra toute tremblottante dans son lit, en remerciant
Dieu de lui avoir donné un gîte si doux, à l'abri des
injures de l'air.

Le lendemain matin, lorsqu'elle se leva, ah! tout,
tout était blanchi. Il était tombé pendant la nuit une si
grande quantité de neige, que les passants en avaient
jusqu'aux genoux. Louise en fut attristée. Les petits
oiseaux le paraissaient bien davantage. Comme toute
la terre était couverte à une grande épaisseur, ils ne
pouvaient trouver aucun grain, aucun vermisseau pour
apaiser leur faim.

Tous les habitants emplumés des forêts se réfugiaient
dans les villes et dans les villages, pour chercher des
secours auprès des hommes. Des troupes nombreuses
de moineaux, de linottes, de pinsons et d'alouettes s'a-
battaient dans les chemins et dans les cours des maisons, et furetaient des pattes et du bec dans les amas
de débris, afin d'y trouver quelque nourriture.

Il vint près d'une cinquantaine de ces hôtes dans la
cour de la maison de Louise. Louise les vit, et elle entra toute affligée dans la chambre de son père. Qu'as-tu
donc, ma fille? lui dit-il. Ah! mon papa, lui répondit-
elle, ils sont tous là dans la cour, ces pauvres oiseaux
qui chantaient si joyeusement il n'y a que deux jours.
Il semblent transis de froid, et ils demandent de quoi
manger. Voulez-vous me permettre de leur donner un
peu de grain?

— Bien volontiers, lui dit son père. Louise n'en attendit pas davantage. La grange était de l'autre côté

du chemin : elle y courut avec sa bonne chercher des poignées de millet et de chenevis, qu'elle vint ensuite répandre dans la cour. Les oiseaux voltigeaient par troupes autour d'elle, et cherchaient le moindre petit grain. Louise s'occupait à les regarder et elle en était toute réjouie. Elle alla chercher son père et sa mère pour venir aussi les regarder, et se réjouir avec elle.

Mais ces poignées de grains furent bientôt dévorées. Les oiseaux s'envolèrent sur les bords des toits, et ils regardaient Louise d'un air triste, comme s'ils avaient voulu lui dire : N'as-tu rien de plus à nous donner ?

Louise comprit leur langage. Elle part aussitôt comme un trait, et court chercher de nouveaux grains. En traversant le chemin, elle rencontra un petit garçon qui n'avait pas, à beaucoup près, un cœur aussi compatissant que le sien. Il portait à la main une cage pleine d'oiseaux, et il la secouait si rudement, que les pauvres petits allaient à tout moment donner de la tête contre les barreaux.

Cela fit de la peine à Louise. — Que veux-tu faire de ces oiseaux ? demanda-t-elle au petit garçon. — Je n'en sais rien encore, répondit-il. Je vais chercher à les vendre ; et si personne ne veut les acheter, j'en régalerai mon chat.

— Ton chat ? répliqua Louise : ton chat ? ah ! le méchant enfant !

— Oh ! ce ne serait pas les premiers qu'il aurait croqués tout vifs. Et en balançant sa cage comme une escarpolette, il allait s'éloigner à grands pas.

Louise l'arrêta, et lui demanda combien il voulait de ses oiseaux. — Je les donnerai tous à un liard la pièce : il y en a dix-huit.

— Eh bien ! je les prends, dit Louise. Elle se fit suivre du petit garçon, et courut demander à son père la permission d'acheter ces oiseaux. Son père y consentit avec plaisir; il céda même à sa fille une chambre vide pour y loger ses hôtes.

Jacquot (ainsi s'appelait le méchant garçon) se retira fort content de son marché; et il alla dire à tous ses camarades qu'il connaissait une petite demoiselle qui achetait les oiseaux.

Au bout de quelques heures, il se présenta tant de petits paysans à la porte de Louise, qu'on eût dit que c'était l'entrée du marché. Ils se pressaient tous autour d'elle, sautant l'un au-dessus de l'autre, et soulevant des deux mains leurs cages, pour lui demander la préférence chacun en faveur de ses oiseaux.

Louise acheta tous ceux qui lui étaient présentés, et les porta dans la chambre où étaient les premiers.

La nuit vint. Il y avait bien longtemps que Louise ne s'était mise au lit avec un cœur aussi satisfait. Ne suis-je pas bien heureuse, se disait-elle, d'avoir pu sauver la vie à tant d'innocentes créatures et de pouvoir les nourrir ? Lorsque l'été viendra, j'irai dans les champs et dans les forêts ; tous mes petits hôtes chanteront leurs plus jolies chansons pour me remercier des soins que j'aurai eus pour eux. Elle s'endormit sur cette réflexion, et elle rêva qu'elle était dans une forêt de la plus belle verdure. Tous les arbres étaient couverts d'oiseaux qui voltigeaient sur les branches en gazouillant, ou qui nourrissaient leurs petits : et Louise souriait dans son sommeil.

Elle se leva de bonne heure, pour aller donner à manger à ses petits hôtes dans la volière et dans la cour; mais elle ne fut pas aussi contente ce jour-là qu'elle l'avait été la veille. Elle savait le compte de l'argent qu'elle avait mis dans sa bourse, et il ne devait plus lui en rester beaucoup. Si ce temps de neige dure encore quelques jours, dit-elle, que vont devenir les autres oiseaux? Les méchants petits garçons vont les donner tout vifs à leur chat ; et faute d'un peu d'argent, je ne pourrai pas les sauver.

Dans ces tristes pensées, elle tire lentement sa bourse pour compter encore son petit trésor. Mais quel est son étonnement de la trouver si lourde ! Elle l'ouvre, et la voit pleine de pièces de monnaie de toute valeur, mêlées et confondues ensemble : il y en avait jusqu'aux cordons. Elle court vite à son père, et lui raconte, avec des transports de surprise et de joie, ce qui vient de lui arriver.

Son père la prit contre son cœur, l'embrassa, et laissa couler ses larmes sur les joues de Louise. Ma chère fille, lui dit-il, tu ne m'as jamais donné tant de satisfaction que dans ce moment. Continue de soulager les créatures qui souffrent ; à mesure que ta bourse s'épuisera, tu la verras se remplir.

Quelle joie pour Louise ! Elle courut dans la volière, ayant son tablier plein de chenevis et de millet. Tous les oiseaux voltigeaient autour d'elle, en regardant leur déjeuner d'un œil d'appétit. Elle descendit ensuite dans la cour, et offrit un ample repas aux oiseaux affamés.

Elle se voyait alors près de cent pensionnaires qu'elle nourrissait. C'était un plaisir, un plaisir ! jamais ses poupées ni ses joujoux ne lui en avaient tant donné.

L'après-midi, en mettant la main dans le sac de chenevis, elle trouva ces paroles écrites dans un billet : « Les habitants de l'air volent vers vous, Seigneur, et » vous leur donnez la nourriture ; vous étendez la » main, et vous rassasiez de vos bienfaits tout ce qui » respire. » Son père l'avait suivie. Elle se tourne vers lui, et lui dit : Je suis donc à présent comme Dieu : les habitants de l'air volent vers moi, et lorsque j'étends la main, je les rassasie de mes bienfaits ?

— Oui, ma fille, lui répondit son père; toutes les fois que tu fais du bien à quelques créatures, tu es comme Dieu. Quand tu seras plus grande, tu pourras secourir tes semblables, comme tu secours aujourd'hui les oiseaux; et tu ressembleras alors à Dieu bien davantage. Ah! quel bonheur pour l'homme lorsqu'il peut agir comme Dieu!

Pendant huit jours, Louise étendit sa main, et rassasia tout ce qui avait faim autour d'elle. Enfin la neige se fondit, les champs reprirent leur verdure, et les oiseaux, qui n'avaient pas osé s'écarter de la maison, tournèrent leurs ailes vers la forêt.

Mais ceux qui étaient dans la volière y restaient renfermés. Ils voyaient le soleil, volaient contre la fenêtre, becquetaient les vitrages. C'était en vain; leur prison était trop forte pour eux: Louise n'imaginait pas encore leur peine.

Un jour qu'elle leur apportait leur provision, son père entra quelques moments après elle. Ma chère Louise, lui dit-il, pourquoi ces oiseaux ont-ils l'air si inquiet? il semble qu'ils désirent quelque chose. N'auraient-ils pas laissé dans les champs des compagnons qu'ils seraient bien aises de revoir?

— Vous avez raison, mon papa; ils me semblent tristes depuis que les beaux jours sont revenus. Je vais ouvrir la fenêtre, et les laisser envoler.

— Je pense que tu ne ferais pas mal; tu répandrais la joie dans tout le pays. Ces petits prisonniers iraient trouver leurs amis, et ils voleraient au-devant d'eux, comme tu cours au-devant de moi lorsque j'ai été quelque temps absent de la maison.

Il n'avait pas fini de parler, que déjà toutes les fenêtres étaient ouvertes, et en deux minutes il ne resta pas un seul oiseau dans la chambre.

Louise allait tous les jours se promener à la campagne; de tous côtés elle voyait ou elle entendait des oiseaux; et lorsqu'elle en entendait quelqu'un se distinguer par son ramage, Louise disait : Voilà un de mes pensionnaires; on connaît à sa voix qu'il a été bien nourri cet hiver.

AMAND.

Un pauvre manœuvre, nommé Bertrand, avait six enfants en bas âge, et il se trouvait fort embarrassé pour les nourrir. Pour surcroît de malheur, l'année fut stérile, et le pain se vendait une fois plus cher que l'an passé. Bertrand travaillait jour et nuit : malgré ses sueurs, il lui était impossible de gagner assez d'argent pour rassasier du plus mauvais pain ses enfants affamés. Il était dans une extrême désolation. Il appelle un jour sa petite famille, et, les yeux pleins de larmes, il lui dit : « Mes chers enfants, le pain est devenu si cher qu'avec tout mon travail je ne peux gagner assez pour vous nourrir. Vous le voyez : il faut que je paie le morceau de pain que voici du produit de toute ma journée. Il faut donc vous contenter de partager avec moi le peu que je m'en serai procuré; il n'y en aura certainement pas assez pour vous rassasier; mais du moins il y aura de quoi vous empêcher de mourir de faim. » Le pauvre homme ne put en dire davantage; il leva les yeux vers le ciel, et se mit à pleurer. Ses enfants pleuraient aussi, et chacun disait en lui-même : Mon Dieu, venez à notre secours, pauvres petits malheureux que nous sommes! Assistez notre père, et ne nous laissez pas mourir de faim.

Bertrand partagea son pain en sept portions égales :

il en garda une pour lui, et distribua les autres à chacun de ses enfants. Mais un d'entre eux, qui s'appelait Amand, refusa de recevoir la sienne, et dit : « Je ne peux rien prendre, mon père ; je me sens malade, mangez ma portion ou partagez-la entre les autres. — Mon pauvre enfant, qu'as-tu donc? lui dit Bertrand en le prenant dans ses bras. — Je suis malade, répondit Amand, très malade : je veux aller me coucher. » Bertrand le porta dans son lit ; et, le lendemain au matin, accablé de tristesse, il alla chez un médecin, et e pria de venir, par charité, voir son fils, et de le secourir.

Le médecin, qui était un homme pieux, se rendit chez Bertrand, quoiqu'il fût bien sûr de n'être pas payé de ses visites. Il s'approche du lit d'Amand, lui tâte le pouls ; mais il ne peut y trouver aucun symptôme de maladie ; il lui trouva cependant une grande faiblesse, et pour le ranimer il voulut lui prescrire une potion. Ne m'ordonnez rien, Monsieur, lui dit Amand ; je ne prendrais pas ce que vous m'ordonneriez.

— Tu ne le prendrais pas! et pourquoi donc, s'il te plaît?

— Ne me le demandez pas, Monsieur, je ne peux pas vous le dire.

— Et qui t'en empêche, mon enfant? Tu me parais un petit garçon bien obstiné.

— Monsieur le médecin, ce n'est pas obstination, je vous assure.

— A la bonne heure ; je ne veux pas te contraindre ; mais je vais le demander à ton père, qui ne sera peut-être pas si mystérieux.

— Ah ! je vous en prie, Monsieur, que mon père n'en sache rien.

— Tu es un enfant incompréhensible ! Mais il faut

absolument que j'en instruise ton père, puisque tu ne
veux pas me l'avouer.

—Mon Dieu, Monsieur, gardez-vous-en bien : je vais
vous le dire; mais auparavant, faites sortir, je vous
prie, mes frères et mes sœurs.

Le médecin ordonna aux enfants de se retirer; et
alors Amand lui dit : « Hélas ! Monsieur, dans un temps
si dur, mon père ne gagne qu'avec bien de la peine de
quoi acheter un mauvais pain; il le partage entre
nous; chacun n'en peut avoir qu'un petit morceau, et
il n'en veut presque rien garder pour lui-même. Cela
me fait de la peine de voir mes petits frères et mes petites sœurs endurer la faim. Je suis l'aîné; j'ai plus de
force qu'eux; j'aime mieux ne pas manger pour qu'ils
puissent partager ma portion. C'est pour cela que j'ai
fait semblant d'être malade et de ne pouvoir pas manger; mais que mon père n'en sache rien, je vous prie. »
Le médecin essuya ses yeux, et lui dit : « Mais toi,
n'as-tu pas faim, mon cher ami? — Pardonnez-moi,
j'ai bien faim; mais cela ne me fait pas tant de mal que
de les voir souffrir.

—Mais tu mourras bientôt, si tu ne te nourris pas.

—Je le sens bien, Monsieur; mais je mourrai de bon
cœur : mon père aura une bouche de moins à remplir,
et lorsque je serai auprès du bon Dieu, je le prierai de
donner à manger à mes petits frères et à mes petites
sœurs. »

L'honnête médecin était hors de lui-même d'attendrissement et d'admiration, en entendant ainsi parler
ce généreux enfant. Il le prit dans ses bras, le serra
contre son cœur, et lui dit : « Non, mon cher ami, tu
ne mourras pas. Dieu, notre père à tous, aura soin de
toi et de ta famille : Rends-lui grâce de ce qu'il m'a
conduit ici; je reviendrai bientôt. » Il courut à sa maison, chargea un de ses domestiques de toutes sortes de

provisions, et revint aussitôt avec lui vers Amand et ses frères affamés. Il les fit tous mettre à table, et leur donna à manger jusqu'à ce qu'ils fussent rassasiés. C'était un spectacle ravissant pour le bon médecin de voir la joie de ces innocentes créatures. En sortant, il dit à Amand de ne pas se mettre en peine, et qu'il pourvoirait à leurs nécessités. Il observa fidèlement sa promesse ; il leur faisait passer tous les jours abondamment de quoi se nourrir. D'autres personnes charitables, à qui il raconta cette aventure, imitèrent sa bienfaisance. Les uns envoyaient des provisions, les autres de l'argent, ceux-là des habits et du linge ; en sorte que, peu de jours après, la petite famille eut au-delà de tous ses besoins.

Aussitôt que le prince fut instruit de ce que le brave petit Amand avait fait pour son père et pour ses frères, plein d'admiration pour tant de générosité, il envoya chercher Bertrand, et lui dit : « Vous avez un enfant admirable, je veux être aussi son père ; j'ai ordonné qu'on vous donnât en mon nom une pension de cent écus. Amand et tous vos autres enfants seront élevés à mes frais dans le métier qu'ils voudront choisir, et, s'ils savent en profiter, j'aurai soin de leur fortune. »

Bertrand s'en retourna chez lui enivré de joie, et s'étant jeté à genoux, il remercia Dieu de lui avoir donné un si digne enfant.

CLÉMENTINE ET MADELON.

Avant que le soleil s'élevât sur l'horizon pour éclairer la plus belle matinée du printemps, la jeune Clémentine était descendue dans le jardin de son père,

afin de mieux goûter le plaisir du déjeuner en parcou-
rant ses longues allées. Tout ce qui peut ajouter au
charme qu'on éprouve dans ces premières heures du
jour se réunissait pour elle en ce moment. Le souffle
pur du zéphir portait dans tous ses sens la fraîcheur et
le calme. Son goût était flatté de la douceur des friandises qu'elle savourait; son œil, du tendre éclat de la
verdure renaissante; son odorat, du parfum balsami-
que de mille fleurs : et pour que son oreille ne fût pas
seule sans plaisirs, deux rossignols allèrent se per-
cher près de là sur le sommet d'un berceau de verdure
pour la réjouir de leurs chansons de l'aurore. Clémentine était si transportée de toutes ces sensations déli-
cieuses, que des larmes baignaient ses yeux, sans
s'échapper cependant de sa paupière. Son cœur, agité
d'une douce émotion, était pénétré de sentiments de
tendresse et de bienfaisance. Tout-à-coup elle fut interrompue dans son agréable rêverie par le bruit des
pas d'une petite fille qui s'avançait vers la même allée,
en mordant, de grand appétit, dans un morceau de
pain bis.

Comme elle venait aussi dans le jardin pour se ré-
créer, ses regards erraient sans objet autour d'elle; en
sorte qu'elle arriva près de Clémentine sans l'avor
aperçue. Dès qu'elle la reconnut, elle s'arrêta tout
court un moment, baissa les yeux vers la terre, puis
comme une biche effarouchée, et non moins légère,
elle retourna précipitamment sur ses pas. Arrête! arrête! lui cria Clémentine; attends-moi donc, attends-
moi; pourquoi te sauver? Ces paroles faisaient fuir encore plus vite la petite sauvage.

Clémentine se mit à la poursuivre; mais, comme elle
était moins exercée à la course, il ne lui fût pas possible de l'atteindre. Heureusement la petite fille avait
pris un détour, et l'allée où se trouvait Clémentine al-

lait directement aboutir à la porte du jardin. Clémentine, aussi avisée que jolie, se glisse doucement le long de la charmille épaisse qui formait la bordure de l'allée, et elle arrive au dernier buisson à l'instant même où la petite fille était prête à le dépasser. Elle la saisit à l'improviste, en lui criant : Te voilà ma prisonnière! Oh! je te tiens! il n'y a plus moyen de te sauver.

La petite fille se débattait pour se débarrasser de ses mains. Ne fais donc pas la méchante, lui dit Clémentine; si tu savais le bien que je te veux, tu ne serais pas si farouche. Viens, ma chère enfant, viens un moment avec moi. Ces paroles d'amitié, et plus encore le son flatteur de la voix qui les prononçait, rassurèrent la petite fille ; et elle suivit Clémentine dans un cabinet de verdure voisin.

— As-tu encore ton père? lui dit Clémentine en l'obligeant de s'asseoir auprès d'elle.

MADELON. Oui, mamselle.

CLÉMENTINE. Et que fait-il?

MADELON. Toute sorte de métiers pour gagner sa vie. Il vient aujourd'hui travailler à votre jardin, et il m'a menée avec lui.

CLÉMENTINE. Ah! je le vois là-bas, dans le carré de laitues. C'est le gros Thomas. Mais que manges-tu à ton déjeuner? Voyons, que je goûte ton pain. Ah! mon Dieu! il me déchire le gosier. Pourquoi ton père ne t'en donne-t-il pas de meilleur?

MADELON. C'est qu'il n'a pas autant d'argent que votre papa.

CLÉMENTINE. Mais il en gagne par son travail ; et il pourrait bien te donner du pain blanc, ou quelque chose pour faire passer celui-ci.

MADELON. Oui, si j'étais sa seule enfant ; mais nous sommes cinq, qui mangeons de bon appétit. Et puis l'un a besoin d'une camisole, l'autre d'une jacquette. Ça fait tourner la tête à mon père, qui dit quelquefois : J'aurai beau travailler, jamais je ne gagnerai assez pour nourrir et vêtir toute cette marmaille.

CLÉMENTINE. Tu n'as donc jamais mangé de confitures?

MADELON. Des confitures? Qu'est-ce que c'est que ça?

CLÉMENTINE. Tiens, en voici sur mon pain.

MADELON. Je n'en avais jamais vu de ma vie.

CLÉMENTINE. Goûtes-en un peu. Ne crains rien; tu vois bien que j'en mange.

MADELON, *avec transport.* Ah! mamselle, que c'est bon!

CLÉMENTINE. Je le crois, ma chère enfant; comment t'appelles-tu?

MADELON, *se levant et lui faisant une révérence.* Madelon, pour vous servir.

CLÉMENTINE. Eh bien! ma chère Madelon, attends-moi ici un moment. Je vais demander quelque chose pour toi à ma bonne, et je reviens aussitôt. Ne t'en va pas, au moins.

MADELON. Oh! je n'ai plus peur de vous!

Clémentine courut chez sa bonne, et la pria de lui donner encore des confitures pour en faire goûter à une petite fille qui n'avait que du pain sec pour déjeuner. La bonne se réjouit de la bienfaisance de son aimable élève. Elle lui en donna dans une tasse, avec un petit pain mollet; et Clémentine se mit à courir de toutes ses jambes avec le déjeuner de Madelon.

— Eh bien! lui dit-elle en arrivant, t'ai-je fait long-temps attendre? Tiens, ma chère enfant, prends donc Laisse là ton pain noir, tu en mangeras assez une autre fois.

MADELON, *goûtant la confiture, et passant sa langue*

sur ses lèvres. C'est comme du sucre. Je n'avais jamais rien mangé de si doux.

CLÉMENTINE. Je suis charmée que tu le trouves bon. J'étais bien sûre que cela te ferait plaisir.

MADELON. Comment ! vous en mangez tous les jours ? Nous ne connaissons pas ça, nous, pauvres gens.

CLÉMENTINE. J'en suis assez fâchée. Ecoute ; viens me voir de temps en temps, je t'en donnerai. Mais comme tu as l'air de te bien porter ? N'es-tu jamais malade ?

MADELON. Malade ? moi ? jamais.

CLÉMENTINE. N'as-tu jamais de rhume ? N'es-tu jamais enchifrenée ?

MADELON. Qu'est-ce que c'est que ce mal ?

CLÉMENTINE. C'est lorsqu'il faut tousser et se moucher sans cesse.

MADELON. Oh ! ça m'arrive quelquefois ; mais ce ne sont pas des maladies.

CLÉMENTINE. Et alors te fait-on rester au lit ?

MADELON. Ha ! ha ! ma mère ferait un beau train, si je m'avisais de faire la paresseuse.

CLÉMENTINE. Mais qu'as-tu à faire ? Tu es si petite !

MADELON. Ne faut-il pas aller, dans l'hiver, ramasser du chardon pour notre âne, et du bois pour la marmite ? Ne faut-il pas, dans l'été, sarcler les blés, ou glaner ? cueillir les pommes et les raisins dans l'automne ? Ah ! mamselle, ce n'est pas l'ouvrage qui nous manque.

CLÉMENTINE. Et tes sœurs se portent-elles aussi bien que toi ?

MADELON. Nous sommes toutes éveillées comme des souris.

CLÉMENTINE. Ah ! j'en suis bien aise ! J'étais d'abord fâchée que Dieu semblât ne s'être pas embarrassé de tant de pauvres enfants ; mais puisque vous avez la santé, je vois bien qu'il ne vous a pas oubliée. Je me porte bien aussi, quoique je ne sois pas sûrement aussi robuste que toi. Mais, ma chère enfant, tu vas nu-pieds ; pourquoi ne mets-tu pas de chaussure ?

MADELON. C'est qu'il en coûterait trop d'argent à mon père s'il fallait qu'il nous en donnât à tous ; et il n'en donne à aucun.

CLÉMENTINE. Et ne crains-tu pas de te blesser ?

MADELON. Je n'y fais seulement pas attention. Le bon Dieu m'a cousu des semelles sous la plante des pieds.

CLÉMENTINE. Je ne voudrais pas te prêter les miens. Mais d'où vient que tu ne manges plus ?

MADELON. Nous nous sommes amusées à babiller, et il faut que j'aille ramasser de l'herbe. Il est bientôt huit heures. Notre bourrique attend son déjeuner.

CLÉMENTINE. Eh bien ! emporte le reste de ton pain. Attends un peu. Je vais en ôter la mie, tu mettras la confiture dans le creux.

MADELON. Je vais le porter à ma plus jeune sœur. Oh ! elle ne fera pas la petite bouche, celle-là ! Elle n'en laissera pas une miette, quand elle aura commencé à le lécher.

CLÉMENTINE. Je t'en aime davantage d'avoir pensé à la petite sœur.

MADELON. Je n'ai rien de bon sans lui en donner. Adieu, mamselle.

CLÉMENTINE. Adieu, Madelon. Mais souviens-toi de revenir demain à la même heure.

MADELON. Pourvu que ma mère ne m'envoie pas ailleurs, je me garderai bien d'y manquer.

Clémentine avait goûté la douceur qu'on sent à faire le bien. Elle se promena quelque temps encore dans le jardin, en pensant au plaisir qu'elle avait donné à Madelon, à la joie qu'aurait sa petite sœur de manger des confitures.

— Que sera-ce donc, se disait-elle, quand je lui don-
rerai des rubans et un collier! Maman m'en a donné
'autre jour d'assez jolis ; mais la fantaisie m'en est
déjà passée. Je chercherai dans mon armoire quelques
chiffons pour la parer. Nous sommes de même taille ;
mes robes lui iront à ravir. Oh! qu'il me tarde de la
voir bien ajustée!

Le lendemain Madelon se glissa encore dans le jardin. Clémentine lui donna des gâteaux qu'elle avait
achetés pour elle.

Madelon ne manqua pas d'y revenir tous les jours.
Clémentine ne songeait qu'à lui donner de nouvelles
friandises. Lorsque ses épargnes n'y suffisaient pas,
elle priait sa maman de lui faire donner quelque chose
de l'office, et sa mère y consentait avec plaisir.

Il arriva cependant un jour que Clémentine reçut
une réponse affligeante. Elle priait sa mère de lui faire
une petite avance sur ses pensions de la semaine, pour
acheter des bas et des souliers à Madelon, afin qu'elle
n'allât plus nu-pieds. Non, ma chère Clémentine, lui
répondit sa mère.

— Et pourquoi donc, maman?

— Je te dirai à table ce qui me fait désirer que tu
sois un peu moins prodigue envers ta favorite.

Clémentine fut surprise de ce refus. Elle n'avait jamais tant soupiré que ce jour-là après l'heure du dîner.
Enfin on se mit à table.

Le repas était déjà fort avancé, sans que sa mère
lui eût dit la moindre des choses qui eût trait à Madelon. Enfin un plat de chevrettes qu'on servit fournit
à madame d'Alençay l'occasion d'entamer ainsi l'entretien.

MADAME D'ALENÇAY. Ah! voilà le mets favori de ma
Clémentine, n'est-il pas vrai? Je suis bien aise qu'on
nous en ait servi aujourd'hui.

CLÉMENTINE. Oui, maman, j'aime beaucoup les che-vrettes ; et voici la saison où elles sont excellentes.

MADAME D'ALENÇAY. Je suis sûre que Madelon les trouverait encore meilleures que toi.

CLÉMENTINE. Ah! ma chère Madelon! je crois qu'elle n'en a jamais vu. Si elle apercevait seulement ces lon-gues moustaches, elle en aurait une peur, une peur! je la vois d'ici s'enfuir à toutes jambes. Maman, si vous vouliez me le permettre, je serais bien curieuse de voir la mine qu'elle ferait. Tenez, rien que deux pour elle, quand ce seraient les plus petites.

MADAME D'ALENÇAY. J'ai de la peine à t'accorder ce que tu me demandes.

CLÉMENTINE. Et pourquoi donc, maman, vous qui faites du bien à tant de monde? Je vous ai aussi de-mandé ce matin un peu d'argent pour acheter des bas et des souliers à Madelon, et vous m'avez refusée. Il faut que Madelon vous ait fâchée. Est-ce qu'elle aurait fait quelque dégât dans le jardin? Oh! je me charge de la gronder.

MADAME D'ALENÇAY. Non, ma chère Clémentine, Ma-delon ne m'a point fâchée. Mais veux-tu, par ta bien-faisance envers elle, faire son bonheur ou son mal-heur?

CLÉMENTINE. Son bonheur, maman. Dieu me garde de vouloir la rendre malheureuse!

MADAME D'ALENÇAY. Je voudrais aussi de tout mon cœur la voir plus fortunée, puisqu'elle a su mériter ton attachement. Mais est-il bien vrai, Clémentine, qu'elle mange son pain tout sec à déjeuner?

CLÉMENTINE. C'est bien vrai, maman. Je ne voudrais pas vous tromper.

MADAME D'ALENÇAY. Comment! elle s'en est conten-tée jusqu'à présent?

CLÉMENTINE. Mon Dieu, oui! Et quand ce serait de

la frangipane, je ne la mangerais pas avec plus de plai-sir qu'elle ne mange son pain bis.

MADAME D'ALENÇAY. Il me paraît qu'elle a bon appétit. Mais je ne puis me persuader qu'elle aille nu-pieds.

CLÉMENTINE. C'est toujours nu-pieds que je l'ai vue. Demandez au jardinier.

MADAME D'ALENÇAY. Elle se les met donc tout en sang lorsqu'elle marche sur le sable et sur les cail-loux?

CLÉMENTINE. Point du tout. Elle court dans le jar-din comme une biche; et elle dit en riant que le bon Dieu lui a cousu une paire de semelles sous les pieds.

MADAME D'ALENÇAY. Je sais que tu n'es pas men-teuse; mais je t'avoue que j'ai bien de la peine à croire ce que tu me dis. Je voudrais bien voir les grimaces que ferait ma Clémentine en mangeant du pain bis tout sec, sans beurre ni confitures.

CLÉMENTINE. Oh! je sens qu'il me resterait au go-sier.

MADAME D'ALENÇAY. Je ne serais pas moins curieuse de voir comment elle s'y prendrait pour aller nu-pieds.

CLÉMENTINE. Tenez, maman, ne vous fâchez pas; mais hier je voulus l'essayer. Etant dans le jardin, je tirai mes souliers et mes bas pour marcher pieds nus. Je les sentais tout meurtris, et cependant je continuai d'aller. Je rencontrai un tesson. Aye! cela me fit tant de mal que je retournai tout doucement reprendre ma chaussure, et je me promis bien de ne plus marcher les pieds nus. Ma pauvre Madelon! elle est cependant ainsi tout l'été.

MADAME D'ALENÇAY. Mais d'où vient donc que tu ne peux manger du pain sec ni aller nu-pieds comme elle?

CLÉMENTINE. C'est peut-être que je n'y suis pas ac-coutumée.

MADAME D'ALENÇAY. Mais si elle s'accoutume, comme toi, à manger des friandises et à être bien chaussée, et qu'ensuite le pain sec lui répugne, et qu'elle ne puisse plus aller nu-pieds sans se blesser, croiras-tu lui avoir rendu un grand service?

CLÉMENTINE. Non, maman; mais je veux faire en sorte que de toute sa vie elle ne soit plus réduite à cet état.

MADAME D'ALENÇAY. Voilà un sentiment généreux : et tes épargnes te suffiront-elles pour cela?

CLÉMENTINE. Oui bien, maman, si vous voulez y ajouter tant soit peu.

MADAME D'ALENÇAY. Tu sais que mon cœur ne se refuse jamais à secourir un malheureux, lorsque l'occasion s'en présente. Mais Madelon est-elle la seule enfant que tu connaisses dans le besoin?

CLÉMENTINE. J'en connais bien d'autres encore. Il y en a deux surtout, ici près dans le village, qui n'ont ni père ni mère.

MADAME D'ALENÇAY. Et qui, sans doute, auraient bien besoin de secours?

CLÉMENTINE. Oh ! oui, maman.

MADAME D'ALENÇAY. Mais si tu donnes tout à Madelon, si tu la nourris de biscuits et de confitures, en laissant les autres mourir de faim, y aura-t-il bien de la justice et de l'humanité dans cet arrangement?

CLÉMENTINE. De temps en temps je pourrai leur donner quelque chose; mais j'aime Madelon par-dessus tout.

MADAME D'ALENÇAY. Si tu venais à mourir, et que Madelon se fût accoutumée à avoir toutes ses aises...

CLÉMENTINE. Je suis bien sûre qu'elle pleurerait ma mort.

MADAME D'ALENÇAY. J'en suis persuadée. Mais la voilà qui retomberait dans l'indigence; il faudrait peut-être qu'elle fît des choses honteuses pour continuer de se bien nourrir et de se bien parer. Qui serait alors coupable de sa perte?

CLÉMENTINE, *tristement.* Moi, maman. Ainsi donc, il faut que je ne lui donne plus rien?

MADAME D'ALENÇAY. Ce n'est pas ma pensée. Je crois cependant que tu ferais bien de lui donner plus rarement de bons morceaux, et de lui faire plutôt le cadeau d'un bon vêtement.

CLÉMENTINE. J'y avais pensé. Je lui donnerai, si vous voulez, quelqu'une de mes robes.

MADAME D'ALENÇAY. J'imagine que ton fourreau de satin rose lui siérait à merveille, surtout sans chaussure.

CLÉMENTINE. Bon! tout le monde la montrerait au doigt. Comment donc faire?

MADAME D'ALENÇAY. Si j'étais à ta place, j'économiserais pendant quelque temps sur mes plaisirs; et lorsque j'aurais ramassé un peu d'argent, je l'emploierais à lui acheter ce qu'elle aurait de plus nécessaire. L'étoffe dont les enfants des pauvres s'habillent n'est pas bien coûteuse.

Clémentine suivit le conseil de sa mère. Madelon vint la trouver plus rarement à l'heure de son déjeuner; mais Clémentine lui faisait d'autres cadeaux plus utiles. Tantôt elle lui donnait un tablier, tantôt un cotillon, et elle payait ses mois d'école chez le magister du village pour qu'elle achevât de se perfectionner dans la lecture.

Madelon fut si touchée de ces bienfaits, qu'elle s'attacha de jour en jour plus tendrement à Clémentine. Elle venait souvent la trouver, et lui disait : Auriez-vous quelque commission à me donner? pourrais-je faire quelque ouvrage pour vous? Et lorsque Clémentine lui donnait l'occasion de lui rendre quelque léger service, il aurait fallu voir la joie avec laquelle Madelon s'empressait de l'obliger.

Elle s'était rendue un jour à la porte du jardin de Clémentine, pour attendre qu'elle y descendît, mais Clémentine n'y descendit point. Madelon y revint une seconde fois, mais elle ne vit point Clémentine. Elle y retourna deux jours de suite : Clémentine ne paraissait point.

La pauvre Madelon était désolée de ne plus voir sa bienfaitrice. Ah! disait-elle, est-ce qu'elle ne m'aime plus? Je l'aurai peut-être fâchée sans le vouloir. Au moins, si je savais en quoi, je lui en demanderais pardon. Je ne pourrais pas vivre sans l'aimer.

La femme de chambre de madame d'Alençay sortit en ce moment. Madelon l'arrêta.

— Où donc est mamselle Clémentine? lui demanda-t-elle.

— Mademoiselle Clémentine? répondit la femme de chambre; elle n'a peut-être pas longtemps à vivre. Je la crois à toute extrémité. Elle a la petite vérole.

— O Dieu! s'écria Madelon, je ne veux pas qu'elle meure!

Elle court aussitôt vers l'escalier, monte à la chambre de madame d'Alençay : Madame, lui dit-elle, par pitié dites-moi où est mamselle Clémentine : je veux la voir. Madame d'Alençay voulut retenir Madelon; mais elle avait aperçu, par la porte entr'ouverte, le lit de Clémentine, et elle était déjà à son côté.

Clémentine était dans les agitations d'une fièvre violente. Elle était seule et bien triste; car toutes ses petites amies l'avaient abandonnée.

Madelon saisit sa main en pleurant, la serra dans les siennes, et lui dit : Ah! mon Dieu, comme vous voilà! Je resterai le jour et la nuit auprès de vous; je vous veillerai, je vous servirai; me le permettez-vous? Clé-

mentine lui serra la main, et lui fit comprendre qu'elle
lui ferait plaisir de demeurer auprès d'elle.

Voilà donc Madelon devenue, par le consentement de
madame d'Alençay, la garde de Clémentine. Elle s'acquittait à merveille de son emploi. On lui avait dressé
une couchette à côté du lit de la petite malade ; elle
était sans cesse auprès d'elle. A la moindre plainte que
laissait échapper Clémentine, Madelon se levait pour
lui demander ce qu'elle avait. Elle lui présentait elle-
même les remèdes prescrits par le médecin. Tantôt
elle allait cueillir du jonc pour faire, sous ses yeux, de
petits paniers et de fort jolies corbeilles ; tantôt elle
bouleversait toute la bibliothèque de madame d'Alençay pour lui trouver quelques estampes dans ses livres.
Elle cherchait dans son imagination tout ce qui était
capable d'amuser Clémentine et de la distraire de ses
souffrances. Clémentine eut les yeux fermés de boutons pendant près de huit jours. Ce temps lui paraissait bien long ; mais Madelon lui faisait des histoires
de tout le village : et comme elle avait bien su profiter de ses leçons, elle lui lisait tout ce qui pouvait la
réjouir. Elle lui adressait aussi de temps en temps des
consolations touchantes. Un peu de patience, lui disait-elle, le bon Dieu aura pitié de vous, comme vous
avez eu pitié de moi. Elle pleurait à ces mots ; puis
séchant aussitôt ses larmes : Voulez-vous, pour vous
réjouir, que je vous chante une jolie chanson ? Clémentine n'avait qu'à faire un signe, et Madelon lui
chantait toutes les chansons qu'elle avait apprises des
petits bergers d'alentour. Le temps se passait de la
sorte sans que Clémentine éprouvât trop d'ennui.

Enfin sa santé se rétablit peu à peu : ses yeux se rou-
vrirent, son accablement se dissipa, ses boutons sé-
chèrent, et l'appétit lui revint.

Elle avait le visage encore tout couvert de rougeurs

Madelon semblait ne la regarder qu'avec plus de plaisir, en songeant au danger qu'elle avait couru de la perdre. Clémentine, de son côté, s'attendrissait aussi en la regardant. Comment pourrais-je, lui disait-elle, te payer, selon mon cœur, de tout ce que tu as fait pour moi? Elle demandait à sa maman de quelle manière elle pourrait récompenser sa tendre et fidèle gardienne. Madame d'Alençay, qui ne se possédait pas de joie de voir sa chère enfant rendue à la vie après une maladie si dangereuse, lui répondit : Laisse-moi faire, je me charge de nous acquitter l'une et l'autre envers elle.

Elle fit faire secrètement pour Madelon un habillement complet. Clémentine se chargea de le lui essayer le premier jour où il lui serait permis de descendre dans le jardin. Ce fut un jour de fête dans toute la maison. Madame d'Alençay et tous ses gens étaient enivrés d'allégresse du rétablissement de Clémentine. Clémentine était transportée du plaisir de pouvoir récompenser Madelon; et Madelon ne se possédait pas de joie de revoir Clémentine dans les lieux où avait commencé leur connaissance, et encore de se trouver toute habillée de neuf de la tête aux pieds,

JOSEPH.

Il y avait à Bordeaux un fou qu'on nommait Joseph. Il ne sortait jamais sans avoir cinq ou six perruques entassées sur sa tête, et autant de manchons passés dans chacun de ses bras. Quoique son esprit fût dérangé, il n'était point méchant, et il fallait le harceler longtemps pour le mettre en colère. Lorsqu'il passait dans les rues, il sortait de toutes les maisons des petits garçons malicieux, qui le suivaient en criant : Joseph! Joseph! combien veux-tu vendre tes manchons et tes perruques? Il y en avait même d'assez méchants pour lui jeter des pierres. Joseph supportait ordinairement avec douceur toutes ces insultes : cependant il était quelquefois si tourmenté qu'il entrait en fureur, prenait des cailloux ou des poignées de boue, et les jetait aux polissons.

Ce combat se livra un jour devant la maison de M. Desprez. Le bruit l'attira à la fenêtre. Il vit avec douleur que son fils Henri était engagé dans la mêlée. A peine s'en fut-il aperçu, qu'il referma la croisée et passa dans une autre pièce de son appartement.

Lorsqu'on se mit à table, M. Desprez dit à son fils : Quel était cet homme après qui tu courais en poussant des cris?

HENRI. Vous le connaissez bien, mon papa; c'est ce fou qu'on appelle Joseph.

M. DESPREZ. Le pauvre homme! Qui peut lui avoir causé ce malheur?

HENRI. On dit que c'est un procès pour un riche héritage. Il a eu tant de chagrin de le perdre, qu'il en a perdu aussi l'esprit.

M. DESPREZ. Si tu l'avais connu au moment où il fut dépouillé de cet héritage, et qu'il t'eût dit les larmes aux yeux : « Mon cher Henri, je suis bien malheureux; on vient de m'enlever un héritage dont je jouissais paisiblement. Tous mes biens ont été consumés par les frais de procédure ; je n'ai plus ni maison de campagne ni maison à la ville, il ne me reste rien » ; est-ce que tu te serais moqué de lui?

HENRI. Dieu m'en préserve! qui peut être assez méchant pour se moquer d'un homme malheureux? J'aurais bien plutôt cherché à le consoler.

M. DESPREZ. Est-il plus heureux aujourd'hui, qu'il a aussi perdu l'esprit?

HENRI. Au contraire, il est bien plus à plaindre.

M. DESPREZ. Et cependant aujourd'hui tu insultes et tu jettes des pierres à un malheureux que tu aurais cherché à consoler lorsqu'il était beaucoup moins à plaindre.

HENRI. Mon cher papa, j'ai mal fait; pardonnez-le-moi.

M. DESPREZ. Je veux bien te pardonner, pourvu que tu t'en repentes. Mais mon pardon ne suffit pas; il y a quelqu'un à qui tu dois encore le demander.

HENRI. C'est apparemment Joseph.

M. DESPREZ. Et pourquoi donc Joseph?

HENRI. Parce que je l'ai offensé.

M. DESPREZ. Si Joseph avait conservé son bon sens, c'est bien à lui que tu devrais demander pardon de ton offense; mais comme il n'est pas en état de comprendre ce que tu lui demanderais par ton pardon, il est inutile de t'adresser à lui. Tu crois cependant qu'on est obligé de demander pardon à ceux que l'on a offensés?

HENRI. Vous me l'avez appris, mon papa.

M. DESPREZ. Et sais-tu qui nous a commandé d'avoir de la pitié pour les malheureux?

HENRI. C'est Dieu.

M. DESPREZ. Cependant tu n'as point montré de pitié pour le pauvre Joseph; au contraire, tu as augmenté son malheur par tes insultes. Crois-tu que cette conduite n'ait pas offensé Dieu?

HENRI. Oui, je le reconnais, et je veux lui en demander pardon ce soir dans ma prière.

Henri tint parole; il se repentit de sa méchanceté, et il en demanda le soir pardon à Dieu du fond de son cœur. Et non-seulement il laissa Joseph tranquille pendant quelques semaines, mais il empêcha aussi quelques-uns de ses camarades de l'insulter.

Malgré ces belles résolutions, il lui arriva un jour de se mêler dans la foule des polissons qui le poursuivaient. Ce n'était, à la vérité, que par pure curiosité, et seulement pour voir les niches qu'on faisait à ce pauvre homme. De temps en temps il lui échappait de crier comme les autres : Joseph ! Joseph ! Peu à peu il se trouva le premier de la bande; en sorte que Joseph, impatienté de toutes ces huées, s'étant retourné tout-à-coup, et ayant ramassé une grosse pierre, la lui jeta avec tant de raideur, qu'elle lui frôla la joue et lui emporta un bout d'oreille.

Henri rentra chez son père tout ensanglanté et jetant de hauts cris. — C'est une juste punition de Dieu, lui dit M. Desprez. — Mais, lui répondit Henri, pourquoi ai-je été tout seul maltraité, tandis que mes camarades qui lui faisaient beaucoup plus de malices n'ont pas été punis? — Cela vient, lui répliqua son père, de ce que tu connaissais mieux que les autres le mal que tu faisais, et que par conséquent ton offense était plus criminelle. Il est juste qu'un enfant instruit des ordres de Dieu et de son père soit doublement puni lorsqu'il a l'indignité de les enfreindre.

LE FORGERON.

M. de Cremy, passant vers minuit devant l'atelier d'un pauvre forgeron, entendit les coups redoublés de son marteau. Il voulut savoir ce qui le retenait si tard à l'ouvrage, et s'il ne pouvait gagner sa vie du labeur de sa journée sans le prolonger si avant dans la nuit.

— Ce n'est pas pour moi que je travaille, répondit le forgeron, c'est pour un de mes voisins qui a eu le malheur d'être incendié. Je me lève deux heures plus tôt et je me couche deux heures plus tard tous les jours, afin de donner à ce pauvre malheureux de faibles marques de mon attachement. Si je possédais quelque chose, je le partagerais avec lui ; mais je n'ai que mon enclume, et je ne puis la vendre, car c'est elle qui me fait vivre. En la frappant chaque jour quatre heures de plus qu'à l'ordinaire, cela fait par semaine la valeur de deux journées dont je puis céder le produit. Dieu merci, la besogne ne manque pas dans cette saison ; et quand on a des bras, il faut bien les faire servir à secourir son prochain.

— Voilà qui est généreux de votre part, mon enfant, lui dit M. de Cremy ; car, selon toute apparence, votre voisin ne pourra jamais vous rendre ce que vous lui donnez.

— Hélas! Monsieur, je le crains pour lui plus que pour moi ; mais je suis bien sûr qu'il en ferait autant si j'étais à sa place.

M. de Cremy ne voulut pas le détourner plus longtemps de ses occupations ; et lui ayant souhaité une bonne nuit, il le quitta. Le lendemain, ayant tiré de ses épargnes une somme de six cents livres, il la porta chez le forgeron, dont il voulait récompenser la bienfaisance, afin qu'il pût tirer son fer de la première main, entreprendre de plus grands ouvrages, et mettre ainsi en réserve quelques deniers du fruit de son travail pour les jours de sa vieillesse.

Mais quelle fut sa surprise lorsque le forgeron lui dit : Reprenez votre argent, Monsieur ; je n'en ai pas besoin puisque je ne l'ai pas gagné. Je suis en état de payer le fer que j'emploie, et s'il m'en faut davantage, le marchand me le donnera bien sur mon billet. Ce serait, de ma part, une grande ingratitude de vouloir le priver du gain qu'il doit faire sur sa marchandise; lorsqu'il n'a pas craint de m'en avancer pour cent écus dans le temps où je ne possédais que l'habit que j'ai sur le corps. Vous avez un meilleur usage à faire de cette somme, en la prêtant sans intérêt au pauvre incendié. Il pourra, par ce moyen, rétablir ses affaires; et moi, je pourrai dormir alors tout mon soûl.

M. de Cremy n'ayant pu, malgré les plus vives instances, le faire revenir de son refus, suivit le conseil qu'il lui avait donné, et il eut le plaisir de faire le bonheur d'une personne de plus que dans le premier projet de son cœur généreux.

LE SECRET DU PLAISIR.

— Je voudrais bien pouvoir jouer tout aujourd'hui, disait la petite Laurette à madame Durval sa mère.

MADAME DURVAL. Quoi! pendant la journée entière?

LAURETTE. Mais oui, maman.

MADAME DURVAL. Je ne demande pas mieux que de te satisfaire, ma fille. Je crains cependant que cela ne t'ennuie.

LAURETTE. De jouer, maman? Oh! que non! vous verrez.

Laurette courut en sautant chercher tous ses joujoux. Elle les apporta. Mais elle était seule, car ses sœurs devaient être occupées avec leurs maîtres jusqu'à l'heure du dîner.

Elle jouit d'abord de sa liberté dans toute sa franchise, et elle se trouva fort heureuse durant une heure entière. Peu à peu le plaisir qu'elle goûtait commen-

çait à perdre quelque chose de sa vivacité. Elle avait
déjà manié cent fois tour à tour chacun de ses jou-
ioux, et ne savait plus quel parti en tirer. Sa poupée
favorite lui parut bientôt ennuyeuse et maussade. Elle
courut vers sa mère, et la pria de lui apprendre de
nouveaux amusements et de jouer avec elle. Malheureusement madame Durval avait alors des affaires pres-
santes à terminer, et elle fut obligée de refuser à Laurette sa demande, quelque peine qu'elle ressentît. La
petite fille alla s'asseoir tristement dans un coin, et
elle attendit, en bâillant, l'heure où ses sœurs suspen-
daient leurs exercices pour prendre quelque récréation.

Enfin ce moment arriva. Laurette courut au-devant
d'elles, et leur dit d'une voix plaintive combien le
temps lui avait paru long, et avec quelle impatience
elle les avait désirées.

Elles commencèrent aussitôt leurs jeux des grandes
fêtes, pour rendre la joie à leur petite sœur, qu'elles
aimaient fort tendrement. Hélas! toutes ces complai-
sances furent inutiles. Laurette se plaignit de ce que
tous ces amusements étaient usés pour elle, et de ce
qu'ils ne lui causaient plus le moindre plaisir. Elle
ajouta qu'elles avaient sûrement comploté ensemble
de ne faire ce jour-là aucun jeu qui pût l'amuser.

Alors Adélaïde, sa sœur aînée, jeune demoiselle de
dix ans, très sensée et très raisonnable, lui prit la
main, et lui dit avec amitié :

— Regarde-nous bien l'une après l'autre, toutes tant
que nous sommes, et je te dirai laquelle de nous est
la cause de ton mécontentement.

LAURETTE. Et qui est-ce donc, ma sœur? Je ne de-
vine pas.

ADÉLAÏDE. C'est que tu n'as pas porté les yeux sur
toi-même. Oui, Laurette, c'est toi-même; car, tu le

vois bien, ces jeux nous amusent encore, quoique
nous les ayons joués, même avant que tu fusses née.
Mais nous venons de travailler, et ils nous paraissent
tout nouveaux. Si tu avais gagné par le travail l'appétit du plaisir, il te serait certainement aussi doux qu'à
nous-mêmes de le satisfaire.

Laurette, qui, tout enfant qu'elle était, ne manquait
pas de raison, fut frappée du discours de sa sœur. Elle
comprit que, pour être heureuse, il fallait mélanger
adroitement les exercices utiles et les délassements
agréables. Et je ne sais si, depuis cette aventure, une
journée toute de plaisir ne l'aurait pas encore plus
effrayée qu'un jour entier des légères occupations de
son âge.

LA MONTRE.

Au retour d'une visite qu'elle venait de rendre à
l'une de ses meilleures amies, la jeune Charlotte ren-
trait chez ses parents d'un air triste et pensif. Elle
trouva ses frères et ses sœurs qui jouaient ensemble
avec cette joie vive et pure dont le ciel semble prendre plaisir à assaisonner les amusements de l'enfance.
Au lieu de se mêler à leurs jeux, et de les animer par
leur enjouement naturel, seule dans un coin de la
chambre, elle paraissait souffrir de l'air de gaieté qui
régnait autour d'elle, et ne répondait qu'avec humeur
à toutes les agaceries innocentes qu'on lui faisait pour
la tirer de son abattement. Son père, qui l'aimait avec
tendresse, fut très inquiet de la voir dans un état si
opposé à son caractère. Il la fit asseoir sur ses genoux,
prit une de ses mains dans les siennes, et lui demanda

ce qui l'affligeait. Ce n'e rien, rien du tout, mon papa,
répondit-elle d'abord à toutes ses questions. Mais enfin, pressée plus vivement, elle lui dit que toutes les
petites demoiselles qu'elle venait de voir chez son amie
avaient reçu de leurs parents de très jolis cadeaux pour
leur foire, quoique, sans vanité, aucune d'elles ne fût
si avancée pour les talents et pour l'instruction. Elle
cita surtout madmoiselle Richebourg, à qui son oncle
avait donné une montre d'or entourée de brillants.

— Oh ! quel plaisir, ajouta-t-elle, d'avoir une si belle
montre à son côté !

— Voilà donc le sujet de ta peine? lui dit M. de Fonrose en souriant; Dieu merci, je respire. Je te croyais
attaquée d'un mal plus sérieux. Que voudrais-tu donc
faire d'une montre, ma chère Charlotte?

CHARLOTTE. Eh ! mon papa, ce qu'en font les autres.
Je la porterais à ma ceinture, et je regarderais à tout
moment l'heure qu'il est.

M. DE FONROSE. A tout moment... tes quarts d'heure
sont-ils si précieux? ou est-ce que les jours de la soumission et de l'obéissance te paraîtraient si longs?

CHARLOTTE. Non, mon papa; vous m'avez dit souvent
que je suis dans la saison la plus heureuse de la vie.

M. DE FONROSE. Si ce n'est donc que pour savoir
quelquefois où tu en es de la journée, n'as-tu pas au
bas de l'escalier une pendule qui peut te l'apprendre au
besoin?

CHARLOTTE. Oui; mais lorsqu'on est en haut bien oc-
cupée de ce que l'on fait, on ne l'entend pas toujours
sonner. On n'a pas toujours du monde autour de soi
pour leur demander l'heure. Il faut se détourner ou descendre. C'est du temps perdu; au lieu qu'avec une montre on voit cela tout de suite, sans importuner personne,
sans se déranger.

M. DE FONROSE. Il est vrai que c'est fort commode,

quand ce ne serait que pour avertir ses maîtres que
l'heure de leur leçon est finie, lorsque, par politesse
ou par attachement, ils voudraient bien la prolonger
quelques minutes de plus.

CHARLOTTE. Quel plaisir vous prenez toujours à me
désoler par votre badinage!

M. DE FONROSE. Eh bien! si tu veux que nous par-
lions plus sérieusement, avoue-moi avec franchise
quel est le motif qui te fait désirer une montre avec
tant d'ardeur.

CHARLOTTE. Je vous l'ai dit, mon papa.

M. DE FONROSE. C'est le véritable que je te demande
Tu sais que je ne me paye pas de raison en paroles. Tu
crains peut-être de te l'avouer. Je vais te l'apprendre,
moi qui me pique envers toi d'une plus sincère amitié
que toi-même. C'est pour que l'on s'écrie en passant à
ton côté : Ho! ho! voyez quelle belle montre a cette
petite demoiselle! Il faut qu'elle soit bien riche! Or,
dis-moi si c'est une gloire bien flatteuse que de se faire
croire plus riche que les autres, et d'étaler des choses plus brillantes aux yeux des passants! As-tu jamais vu des gens raisonnables en considérer davantage
une petite fille pour la richesse de son père! En consi-
dères-tu davantage celles qui sont plus riches que toi?
En voyant une belle montre au côté d'une jeune personne que tu ne connaîtrais pas, au lieu de dire : Voilà
une demoiselle d'un caractère bien estimable qui porte
cette montre! tu dirais plutôt : Voilà une montre d'un
travail bien estimable que porte cette demoiselle! Si
une montre peut faire honneur, c'est à l'habileté de
l'horloger qui l'a faite, et au goût de celui qui l'a de-
mandée ou choisie. Mais pour celui qui la porte, je ne
lui dois que du mépris s'il veut en tirer vanité.

CHARLOTTE. Mais, mon papa, vous semblez toujours

me parler comme si c'était par ce motif que je l'eusse désirée!

M. DE FONROSE. Je ne te cacherai point que je le soupçonne terriblement. Tu ne veux pas en convenir encore; à la bonne heure. Je me flatte de t'amener bientôt à cet aveu.

CHARLOTTE. Ne parlons point de cela, s'il vous plaît. Mais il faut qu'une montre soit un meuble bien utile, puisque vous en avez une, vous qui êtes si philosophe!

M. DE FONROSE. Il est vrai que je ne pourrais guère m'en passer. Tu sais que les occupations de mon cabinet sont interrompues par des devoirs publics qui demandent de l'exactitude et de la ponctualité.

CHARLOTTE. Et moi, n'ai-je pas aussi vingt exercices différents dans la journée? Que diriez-vous si je ne donnais pas à chacun la mesure du temps qu'il exige?

M. DE FONROSE. C'est juste. Tu vois que je ne suis pas obstiné. Quand on m'allègue des raisons frappantes, je m'y rends. Eh bien! ma chère fille, tu auras une montre.

CHARLOTTE. Badinez-vous, mon papa?

M. DE FONROSE. Non certainement. Et dès ce jour même, pourvu que tu n'oublies pas de la prendre quand tu sortiras.

CHARLOTTE. Pouvez-vous me le demander? Oh! je suis bien fâchée de ne l'avoir pas eue aujourd'hui, quand je suis allée chez mademoiselle de Montreuil.

M. DE FONROSE. Tu pourras y retourner demain.

CHARLOTTE. Oui, vous avez raison. Mademoiselle de Richebourg y sera peut-être. Donnez, donnez, mon papa.

M. DE FONROSE. Tu sais ma chambre à coucher? A côté de mon lit, tu trouveras une montre suspendue à la tapisserie. Elle est à toi.

CHARLOTTE. Quoi! cette grande patraque du temps

3.

du roi Dagobert, qui lui servait peut-être de casserole
pour le dîner de ses chiens?

M. DE FONROSE. Elle est fort bonne, je t'assure. On
ne les faisait pas autrement du vivant de mon père. Je
l'ai trouvée dans son héritage, et je me faisais un devoir de la garder pour moi-même. Mais en te la donnant elle ne sortira pas de la famille, et j'aurai plus
souvent occasion de la rappeler à mon souvenir en la
voyant tout le jour à ton côté.

CHARLOTTE. Oui; mais que diront ceux qui ne des-
cendent point de mon grand-papa?

M. DE FONROSE. Eh! c'est là précisément où je t'attendais. Tu vois que ce motif d'utilité que tu m'alléguais
avec tant d'importance n'est qu'un vain prétexte dont
ta vanité cherchait à se couvrir, puisque cette montre te rendrait le même service que tu pourrais attendre d'une montre en or enrichie des plus beaux diamants. Pourquoi t'embarrasser des vains propos des
autres? D'ailleurs ils ne pourraient que faire honneur
à ton caractère. La solidité de la montre passerait pour
l'emblème de celle de tes goûts.

CHARLOTTE. Mais ne pourrais-je pas en avoir une qui
fût en même temps solide et d'une forme agréable?

M. DE FONROSE. Tu crois donc que cela ferait ton
bonheur?

CHARLOTTE. Oui, mon papa, je me croirais fort heureuse.

M. DE FONROSE. Je voudrais que ma fortune me per-
mît de te convaincre, par ta propre expérience, combien la félicité qu'on attache à de pareilles bagatelles
est frivole et passagère. Je parie que dans quinze jours
tu ne regarderais plus guère ta montre; qu'au bout
d'un mois tu oublierais de la monter, et que bientôt
elle ne serait pas mieux réglée que ta folle imagination.

CHARLOTTE. Ne pariez point, mon papa, vo s perdriez, j'en suis sûre.

M. DE FONROSE. Aussi je ne veux pas parier, non par la crainte de perdre, mais parce qu'il faudrait risquer l'épreuve, et qu'elle pourrait te coûter pendant tout le reste de ta vie les plus cruels regrets.

CHARLOTTE. Ainsi vous pensez qu'une belle montre, au lieu de faire mon bonheur, ne servirait qu'à me rendre malheureuse?

M. DE FONROSE. Si je le pense, ma fille? Tout notre bonheur sur la terre consiste à vivre satisfaits du poste où nous a placés la Providence, et des biens qu'elle nous a départis. Il n'est aucun état, si humble ou si élevé, dans lequel une vaine ambition ne puisse nous faire accroire qu'il nous faudrait encore ce qu'un autre possède auprès de nous. C'est elle qui va tourmenter le laboureur au sein de l'aisance, pour lui faire jeter un œil d'envie sur quelques sillons du champ de son voisin, tandis qu'elle persuade au maître d'un vaste royaume que les provinces qui le bornent manquent à ses états pour les arrondir. De là naissent entre les princes ces guerres cruelles qui désolent la terre, et entre les particuliers ces procès ruineux qui les dévorent, ou ces haines de jalousie qui les bourrellent et les avilissent. Quels étaient tes propres sentiments envers madmoiselle de Richebourg en regardant la montre qu'elle étalait à son côté? Retrouvais-tu dans ton cœur ces mouvements d'inclination qui te portaient autrefois vers le sien? Lui aurais-tu rendu, dans ce moment, ces services dont tu te serais fait hier une joie si pure? Mais cette inimitié secrète que ta montre t'inspirait contre elle, ta montre ne l'inspirerait-elle pas contre toi à tes meilleures amies, et peut-être à tes frères et tes sœurs? Vois cependant pour quelle méprisable jouissance de vanité tu aurais rompu les plus doux nœuds du cœur et du sang, le. plus tendres affections de la nature ! Pourrais-tu te croire heureuse à ce prix?

CHARLOTTE. O mon papa ! vous me faites frissonner

M. DE FONROSE. Eh bien ! ma fille, ne forme donc plus de ces souhaits déraisonnables qui troublent ton repos. Que manque-t-il à tes véritables besoins dans la condition où le ciel t'a fait naître? N'as-tu pas une nourriture saine et abondante, des vêtements propres et commodes pour toutes les saisons? Ne t'ai-je pas donné des maîtres pour cultiver ton esprit, tandis que je forme ton cœur, pour te procurer des talents agréables qui puissent un jour faire rechercher ton commerce dans la société? Tu veux aujourd'hui une montre d'or enrichie de diamants ! Si je te la donne, de quel œil regarderas-tu demain ton collier et tes boucles d'oreilles de perles fausses? Ne faudra-t-il pas que, pour te satisfaire, je les change bientôt en pierres précieuses? Encore te faudra-t-il, de plus, des dentelles, des riches étoffes et des femmes pour te servir. On ne va point à pied dans les rues avec un pompeux attirail de parure. Elle exige un grand nombre de domestiques, une voiture brillante, de superbes chevaux. Tu me les demanderais. Il ne te manquerait plus rien alors, il est vrai, pour te produire dans les assemblées, et visiter les personnes du plus haut rang. Mais, pour les recevoir à ton tour, ne te faudrait-il pas un hôtel magnifique, une table splendide, et des ameublements précieux? Vois combien une première fantaisie satisfaite engendre d'innombrables besoins. Ils vont toujours ainsi en s'accroissant, jusqu'à ce que, pour avoir voulu s'élever au-dessus de son état, on retombe pour toujours au-dessous des plus étroites nécessités de la vie. Tourne les yeux autour de toi, et regarde combien de personnes gémissent aujourd'hui dans la plus affreuse

misère, qui consumaient hier peut-être les derniers
débris d'une fortune suffisante pour leur bonheur.
Pense à ce qui te serait arrivé à toi, à tes sœurs et à
les frères, si ma tendresse et mes réflexions ne m'a-
raient fait profiter, pour votre avantage, de toutes c.
déplorables expériences. Il m'a souvent été pénib.
d'aller à pied dans les rues. Un bon carrosse aura!
peut-être ménagé mes forces autant qu'il aurait flat.
na vanité. En employant à cette dépense ce qu'il m'e .
coûte pour votre entretien, votre instruction et v..
plaisirs, j'aurais été en état de la soutenir pendau!
quelques années. Mais enfin quel aurait été mon sort
et le vôtre? Je vous aurais vu croître dans le désordre
et la stupidité. Je n'aurais pu attendre de vous, dans
ma vieillesse, des soins que je vous aurais refusés dans
votre enfance. Pour quelques jours passés dans l'éclat
insolent du luxe, j'aurais langui longtemps dans le mépris d'une juste misère. De quel front aurais-je cru
pouvoir répondre à l'Eternel sur les devoirs qu'il m'in-
pose envers vous, lorsque je ne vous aurais laissé
pour héritage que l'exemple de mon indigne conduite?
J'aurais fini ma vie dans les convulsions du remords,
du désespoir et de la terreur, et vos malédictions
m'auraient poursuivi jusqu'au-delà de ma tombe.

— O mon papa! quelle était ma folie! s'écria Char-
otte en se jetant à son cou. Non, non, je ne veux plus
de montre; et si j'en avais une, je vous la rendrais à
l'instant.

M. de Fonrose, charmé de voir le cœur de sa fille
s'ouvrir avec tant de franchise aux impressions du sentiment et de la raison, l'accabla de caresses.

Dès cet heureux jour, Charlotte reprit sa première
gaieté; et lorsqu'elle voyait quelques bijoux précieux
à l'une de ses jeunes compagnes, elle était bien plus

tentée de la plaindre que de lui porter la plus légère
envie.

LES BUISSONS.

Dans une riante soirée de mai, M. d'Ogères était assis, avec Armand son fils, sur le penchant d'une colline, d'où il lui faisait admirer la beauté de la nature,
que le soleil couchant semblait revêtir, dans ses adieux,
d'une robe de pourpre. Ils furent distraits de leur douce
rêverie par les chants joyeux d'un berger qui ramenait
son troupeau bêlant de la prairie voisine. Des deux
côtés du chemin qu'il suivait s'élevaient des buissons d'épines, et aucune brebis ne s'en approchait sans
y laisser quelque dépouille de sa toison.

Le jeune Armand entra en colère contre ses ravis-
seurs. Voyez-vous, mon papa, s'écria-t-il, ces buissons qui dérobent leur laine aux brebis? Pourquoi
Dieu a-t-il fait naître ces méchants arbustes? ou pourquoi les hommes ne s'accordent-ils pas pour les exter-
miner? Si les pauvres brebis repassent encore dans le
même endroit, elles vont y laisser le reste de leurs habits. Mais non; je me lèverai demain à la pointe du
jour; je viendrai avec ma serpette, et *ritz*, *ratz*, je jet-
terai à bas toutes ces broussailles. Vous viendrez aussi
avec moi, mon papa; vous porterez votre grand couteau de chasse; et l'expédition sera faite avant l'heure
du déjeuner. — Nous songerons à ton projet, lui répondit M. d'Ogères. En attendant, ne sois pas si in-
juste envers ces buissons; et rappelle-toi ce que nous
faisons vers la Saint-Jean.

ARMAND. Et quoi donc, mon papa?

M. D'OGÈRES. N'as-tu pas vu les bergers s'armer de grands ciseaux, et dérober aux brebis tremblantes, non pas des flocons légers de leur laine, mais toute leur toison?

ARMAND. Il est vrai, mon papa, parce qu'ils en ont besoin pour se faire des habits. Mais les buissons qui les dépouillent par pure malice, et sans en avoir aucun besoin!

M. D'OGÈRES. Tu ignores à quoi ces dépouilles peuvent leur servir; mais supposons qu'elles leur soient inutiles, le seul besoin d'une chose est-il un droit pour se l'approprier?

ARMAND. Mon papa, je vous ai entendu dire que les brebis perdent naturellement leur toison vers ce temps de l'année; ainsi il vaut mieux la prendre pour notre usage que de la laisser tomber inutilement.

M. D'OGÈRES. Ta réflexion est juste. La nature a donné à toutes les bêtes leur vêtement; et nous sommes obligés de leur emprunter le nôtre, si nous ne voulons pas aller tout nus et rester exposés aux injures cruelles de l'hiver.

ARMAND. Mais le buisson n'a pas besoin de vêtements. Ainsi, mon papa, il n'est plus question de reculer. Il faut dès demain jeter à bas toutes ces épines. Vous viendrez avec moi, n'est-ce pas?

M. D'OGÈRES. Je ne demande pas mieux. Allons, à demain au matin, dès la pointe du jour.

Armand, qui se croyait déjà un héros, à la seule idée de détruire de son petit bras cette légion de voleurs, eut de la peine à s'endormir, occupé comme il était de ses victoires du lendemain. A peine les chants joyeux des oiseaux perchés sur les arbres voisins de ses fenêtres eurent-ils annoncé le retour de l'aurore, qu'il se hâta d'éveiller son père. M. d'Ogères, de son côté, peu occupé de la destruction des buissons, mais

charmé de trouver l'occasion de montrer à son fils les
beautés ravissantes du jour naissant, ne fut pas moins
empressé à sauter de son lit. Ils s'habillèrent à la hâte,
prirent leurs armes, et se mirent en chemin pour leur
expédition. Armand allait le premier d'un air de
triomphe, et M. d'Ogères avait bien de la peine à suivre ses pas. En approchant des buissons, ils virent de
tous les côtés de petits oiseaux qui allaient et venaient
en voltigeant sur leurs branches. — Doucement, dit
M. d'Ogères à son fils; suspendons un moment notre vengeance, de peur de troubler ces innocentes créatures.
Remontons à l'endroit de la colline où nous étions assis hier au soir, pour examiner ce que les oiseaux cherchent sur ces buissons d'un air si affairé. Ils remontè-
rent la colline, s'assirent, et regardèrent. Ils virent que
les oiseaux emportaient dans leur bec les flocons de
laine que les buissons avaient accrochés la veille aux
arbres. Il venait des troupes de fauvettes, de pinsons,
de linottes et de rossignols, qui s'enrichissaient de ce
butin.

— Que veut dire cela? s'écria Armand tout étonné.
— Cela veut dire, lui répondit son père, que la Providence prend soin des moindres créatures, et leur fournit toutes sortes de moyens pour leur bonheur et leur
conservation. Tu le vois, les pauvres oiseaux trou-
vent ici de quoi tapisser l'habitation qu'ils forment d'a-
vance pour leurs petits. Ils se préparent un lit bien
doux pour eux et pour leur jeune famille. Ainsi, cet
honnête buisson, contre lequel tu t'emportais hier si
légèrement, allie les habitants de l'air avec ceux de la
terre. Il demande au riche son superflu, pour donner
au pauvre ses besoins. Veux-tu venir à présent le détruire? — Que le ciel nous en préserve ! s'écria Armand. — Tu as raison, mon fils, reprit M. d'Ogères,
qu'il fleurisse en paix, puisqu'il fait de ses conquêtes un
usage si généreux !

LE SOLEIL ET LA LUNE.

La charmante soirée ! Viens, Antonin, disait M. de Verteuil à son fils. Regarde. Le soleil est prêt à se coucher. Comme il est beau ! Nous pouvons l'envisager maintenant ; il n'est pas si éblouissant qu'à l'heure du dîner, lorsqu'il était au plus haut de sa course. Comme les nuages sont beaux aussi autour de lui ! ils sont de couleur de soufre, de couleur d'écarlate et de couleur d'or. Adieu, soleil, jusqu'à demain matin.

A présent, Antonin, tourne les yeux de l'autre côté. Qu'est-ce qui brille ainsi derrière les arbres? Est-ce un feu? Non, c'est la lune. Elle est toute ronde aujourd'hui, parce que c'est pleine lune. Elle ne sera pas si ronde demain au soir. Elle perdra encore un morceau après-demain, un autre morceau le jour suivant, et toujours de plus en plus, jusqu'à ce qu'elle devienne comme ton arc ; alors on ne la verra plus qu'à l'heure où tu seras au lit. Et de jour en jour elle deviendra encore plus petite, jusqu'à ce qu'on ne la voie plus du tout au bout de quinze jours.

Ce sera ensuite nouvelle lune, et tu la verras dans l'après-midi. Elle sera d'abord bien petite ; mais elle deviendra chaque jour plus grande et plus ronde, jusqu'à ce qu'au bout de quinze autres jours elle soit tout-à-fait pleine comme aujourd'hui ; et tu la verras encore se lever derrière les arbres.

ANTONIN. Mais, mon papa, comment le soleil et la lune se tiennent-ils tout seuls en l'air? Je crains toujours qu'ils ne tombent sur la terre.

M. DE VERTEUIL. Tranquillise-toi, mon fils, il n'y a

pas de danger. Je t'expliquerai un jour ce qui t'embarrasse, lorsque tu seras plus en état de m'entendre. Ecoute, en attendant, ce que l'un et l'autre t'adressent par ma bouche.

Le soleil dit d'une voix éclatante : Je suis le roi du jour : je me lève dans l'Orient, et l'aurore me précède pour annoncer à la terre mon arrivée. Je frappe à la fenêtre avec un rayon d'or, pour t'avertir de ma présence, et je te dis : Paresseux, je ne brille pas pour que tu restes enseveli dans le sommeil; je brille pour que tu te lèves et que tu travailles. Je suis le grand voyageur. Je marche comme un géant, à travers toute l'étendue des cieux. Jamais je ne m'arrête, et je ne suis jamais fatigué.

J'ai sur ma tête une couronne de rayons étincelants que je disperse sur tout l'univers, et tout ce qu'ils frappent brille d'éclat et de beauté. Je donne la chaleur aussi bien que la lumière. C'est moi qui mûris les fruits et les moissons. Si je cessais de régner sur la nature, rien ne croîtrait dans son sein, et les pauvres humains mourraient de faim et de désespoir dans l'horreur des ténèbres.

Je suis très haut dans les cieux, plus haut que les montagnes et les nuages. Je n'aurais qu'à m'abaisser un peu plus vers la terre, mes feux la dévoreraient dans un instant, comme la flamme dévore la paille légère que l'on jette sur un brasier.

Depuis combien de siècles je fais la joie de l'univers ! Il y a six ans qu'Antonin ne vivait pas encore, Antonin n'était pas au monde; mais le soleil y était. J'y étais lorsque ton papa et ta maman ont reçu la vie, et bien des milliers d'années encore auparavant : cependant je n'ai pas vieilli.

Quelquefois je dépose ma couronne éclatante, et j'enveloppe ma tête de nuages argentés; alors tu peux soutenir mes regards; mais lorsque je dissipe les nuages pour briller dans toute ma splendeur du midi, tu n'oserais porter sur moi la vue ; j'éblouirais tes yeux, je l'aveuglerais. Je n'ai permis qu'au seul roi des oiseaux de contempler d'un air immobile tout l'éclat de ma gloire.

L'aigle, s'élançant de la cime des plus hautes montagnes, vole vers moi d'une aile vigoureuse, et se perd dans mes rayons en m'apportant son hommage. L'alouette, suspendue au milieu des airs, chante, à ma rencontre, ses plus douces chansons, et réveille les oiseaux endormis sous la feuillée. Le coq resté sur la terre y proclame mon retour d'une voix perçante ; mais la chouette et le hibou fuient à mon aspect, en poussant des cris plaintifs, et vont se réfugier sous les ruines de ces tours orgueilleuses que j'ai vu s'élever fièrement, dominer pendant des siècles sur les campagnes, et s'écrouler ensuite sous le poids d'une longue vieillesse.

Mon empire n'est pas borné, comme celui des rois de la terre, à quelques parties du monde. Le monde entier est mon empire. Je suis la plus belle et la plus glorieuse créature qu'on puisse voir dans l'univers.

La lune dit d'une voix tendre : Je suis la reine de la nuit ; j'envoie mes doux rayons pour te donner de la lumière lorsque le soleil n'éclaire plus la terre.

Tu peux toujours me regarder sans péril, car je ne suis jamais assez resplendissante pour t'éblouir, et je ne brûle jamais. Je laisse même briller dans l'herbe les petits vers luisants, à qui le soleil dérobe impitoyablement leur éclat. Les étoiles brillent autour de moi ; mais je suis plus lumineuse que les étoiles, et je parais dans leur foule comme une grosse perle entourée de plusieurs petits diamants étincelants.

Lorsque tu es endormi, je me glisse sur un rayon

d'argent à travers les rideaux, et je te dis : Dors, mon
petit ami ; tu es fatigué... je ne troublerai plus ton sommeil.

Le rossignol chante pour moi, celui qui chante le
mieux de tous les oiseaux. Perché sur un buisson, il
remplit la forêt de ses accents aussi doux que ma lumière, tandis que la rosée descend légèrement sur les
fleurs, et que tout est calme et silencieux dans mon
empire.

LE MENTEUR CORRIGÉ PAR LUI-MÊME.

Le petit Gaspard était parvenu à l'âge de six ans sans
qu'il lui fût jamais échappé un mensonge. Il ne faisait
rien de mal, ainsi il n'avait aucune raison de cacher la
vérité. Lorsqu'il lui arrivait quelque malheur, comme
de casser une vitre, ou de faire une tache à son habit,
il allait tout de suite l'avouer à son papa. Celui-ci avait
la bonté de lui pardonner, et il se contentait de l'avertir d'être dorénavant plus attentif.

Un jour, son petit voisin Robert vint le trouver. Celui-ci était un fort méchant garçon. Gaspard, qui voulait amuser son ami, lui proposa de jouer au domino.
Robert le voulut bien, mais à condition que chaque
partie serait d'une pièce de deux sous. Gaspard refusa
d'abord, parce que son père lui avait défendu de jouer
de l'argent. Enfin il se laissa séduire par les prières de
Robert, et il perdit en un quart d'heure tout l'argent
qu'il avait économisé depuis quelques semaines sur ses
plaisirs. Gaspard fut désolé de cette perte, il se retira
dans un coin, et se mit à pleurer. Robert se moqua de

lui, et s'en retourna triomphant avec son butin. Le
père de Gaspard ne tarda pas à revenir. Comme il aimait beaucoup son fils, il le fit appeler pour l'embras-
ser. — Que t'est-il donc arrivé dans mon absence? lui
dit-il en le voyant accablé de tristesse.

— C'est le petit Robert mon voisin qui est venu me
forcer de jouer avec lui au domino.

— Il n'y a pas de mal à cela, mon enfant; c'est un
amusement que je t'ai permis. Mais est-ce que vous
avez joué de l'argent?

— Non, mon papa.

— Pourquoi donc as-tu les yeux rouges?

— C'est que je voulais faire voir à Robert l'argent
que j'avais épargné pour m'acheter un livre. Je l'avais
mis, par précaution, derrière la grosse pierre qui est à
notre porte. Quand j'ai voulu le chercher je ne l'ai pas
trouvé. Quelque passant me l'aura pris.

Son père soupçonna dans ce récit un peu de mensonge; mais il cacha son mécontentement, et il alla
aussitôt chez son voisin. Lorsqu'il aperçut le petit Robert, il affecta de sourire, et lui dit : Eh bien! mon enfant, tu as donc été heureux aujourd'hui au domino?

— Oui, Monsieur, lui répondit Robert, j'ai joué fort
heureusement.

— Et combien as-tu gagné à mon fils?

— Vingt-quatre sous.

— Et t'a-t-il payé?

— Et mais! sans doute. Oh! oui, je ne lui demande
plus rien.

Quoique Gaspard eût mérité d'être puni sévèrement,
son père voulut bien lui pardonner pour cette première fois. Il se contenta de lui dire d'un air de mépris:
Je sais maintenant que j'ai un menteur dans ma maison, et je vais avertir tout le monde de se méfier de
ses paroles. Quelques jours après Gaspard alla voir Ro-

bert, et lui fit voir un très beau porte-crayon dont son oncle lui avait fait présent. Robert en eut envie, et chercha tous les moyens de l'avoir. Il proposa en échange ses balles, sa toupie et ses raquettes; mais comme il vit que Gaspard ne voulait s'en défaire à aucun prix, il enfonça son chapeau sur ses yeux, et dit effrontément : Le porte-crayon m'appartient. C'est chez toi que je l'ai perdu, et peut-être même me l'as-tu dérobé. Gaspard eut beau protester que c'était un cadeau de son oncle, Robert se mit en devoir de le lui arracher; et comme Gaspard le tenait fortement dans ses mains, il lui sauta aux cheveux, le terrassa, lui mit les genoux sur la poitrine, et lui donna des coups de poing dans le visage, jusqu'à ce que Gaspard lui eût remis le porte-crayon.

Gaspard rentra chez lui le nez tout sanglant et les cheveux à moitié arrachés. Ah! mon papa, s'écria-t-il d'aussi loin qu'il l'aperçut, venez me venger. Le méchant petit Robert m'a pris mon porte-crayon, et m'a accommodé comme vous voyez.

Mais, au lieu de le plaindre, son père lui dit : Va, menteur, tu l'as joué sans doute au domino. C'est toi qui t'es barbouillé le nez de jus de mûres, et qui as mis ta chevelure en désordre pour m'en imposer. En vain Gaspard affirma la vérité de son récit. — Je ne crois plus, lui dit son père, celui qui m'a trompé une fois.

Gaspard confondu se retira dans sa chambre, et déplora amèrement son premier mensonge. Le lendemain il alla trouver son père et lui demanda pardon. — Je reconnais, lui dit-il, combien j'ai eu tort d'avoir cherché une fois à vous en faire accroire. Cela ne m'arrivera plus de ma vie; mais ne me faites pas davantage l'affront de vous défier de mes paroles.

Son père m'assurait l'autre jour que depuis ce moment il n'était pas échappé à son fils le mensonge le plus léger, et que, de son côté, il l'en récompensait par la confiance la plus aveugle. Il n'exigeait plus de lui ni assurance ni protestation. C'était assez que Gaspard lui eût dit une chose, pour qu'il s'en tînt aussi sûr que s'il l'avait vue de ses propres yeux.

Quelle douce satisfaction pour un père honnête, et pour un fils digne de son amitié!

JACQUOT.

M. de Cursol revenait un jour, à cheval, d'une promenade dans ses terres. Comme il passait le long des murs du cimetière d'un petit village, il entendit des gémissements qui partaient de son enceinte. Ce digne gentilhomme avait un cœur trop compatissant pour hésiter de voler au secours du malheureux qu'il entendait ainsi gémir. Il mit pied à terre, donna son cheval à garder au domestique qui le suivait, et franchit d'un saut les marches du cimetière. Il s'éleva sur le bout de ses pieds, tourna les yeux de toutes parts; enfin il aperçut à l'extrémité, dans un coin, une fosse recouverte de terre encore toute fraîche. Sur cette fosse était étendu un enfant d'environ cinq ans, qui pleurait. M. de Cursol s'approche de lui d'un air d'amitié, et lui dit :

— Que fais-tu là, mon petit ami?

L'ENFANT. J'appelle ma mère; hier on l'a couchée ici, et elle ne se lève pas.

M. DE CURSOL. C'est apparemment qu'elle est morte, mon pauvre enfant.

L'ENFANT. Oui, on dit qu'elle est morte; mais je ne

veux pas le croire. Elle se portait si bien l'autre jour,
quand elle me laissa chez notre voisine Suzon! Elle
me dit qu'elle allait revenir, et elle ne revint pas. Mon
père s'en est allé, mon petit frère aussi; et les autres
enfants du village ne veulent plus de moi.

M. DE CURSOL. Ils ne veulent plus de toi? et pourquoi?

L'ENFANT. Je n'en sais rien; mais lorsque je veux aller avec eux, ils me chassent et me laissent tout seul
Ils disent aussi de vilaines choses sur mon père et sur
ma mère. C'est ce qui me fait le plus de peine. O ma
mère! lève-toi, lève-toi!

Les larmes roulaient dans les yeux de M. de Cursol.

— Tu dis donc que ton père s'en est allé, et ton frère
aussi? Où sont-ils donc?

L'ENFANT. Je ne sais pas où est mon père, et mon
petit frère est parti hier pour un autre village. Il vint
un monsieur tout noir comme notre curé, qui l'emmena
avec lui.

M. DE CURSOL. Et où demeures-tu à présent?

L'ENFANT. Chez la voisine Suzon. J'y serai jusqu'à ce
que ma mère revienne comme elle me l'a promis. Je
l'aime bien, mon autre mère Suzon; mais (en montrant
la fosse) j'aime encore plus ma mère qui est là. Ma
mère, ma mère! pourquoi es-tu si longtemps couchée? Quand est-ce que tu te lèveras?

M. DE CURSOL. Mon pauvre enfant, tu as beau l'appeler, tu ne la réveilleras jamais.

L'ENFANT. Eh bien! je veux coucher ici, et dormir
auprès d'elle. Ah! je l'ai vue, lorsqu'on l'a portée dans
un grand coffre. Comme elle était pâle! comme elle
était froide! Je veux coucher ici, et dormir auprès
d'elle.

M. de Cursol ne put retenir plus longtemps ses larmes. Il se pencha vers l'enfant, le prit dans ses bras, l'embrassa avec tendresse, et lui dit :

— Comment t'appelles-tu, mon cher ami?

L'ENFANT. On m'appelle Jacquot quand je suis sage, et Jacques quand je suis méchant.

M. de Cursol sourit au milieu de ses larmes.

— Veux-tu me conduire chez Suzon ?

JACQUOT. Oh! oui, oui, mon beau monsieur.

Jacquot se mit à courir devant M. de Cursol aussi vite que ses petits pieds pouvaient le lui permettre, et il le conduisit à la porte de Suzon.

Suzon n'eut pas une médiocre surprise lorsqu'elle vit notre gentilhomme entrer dans sa chaumière, et le petit Jacquot qui, la montrant du doigt, et courant cacher sa tête entre ses genoux, dit : La voilà, c'est mon autre mère! Elle ne savait que penser d'une visite si extraordinaire. M. de Cursol ne la laissa pas long-temps dans son incertitude. Il lui peignit la situation dans laquelle il avait trouvé le petit garçon, lui exprima la pitié qu'il lui avait inspirée, et la pria de vouloir bien l'instruire de tout ce qui regardait les parents de Jacquot.

Suzon lui présenta un siége auprès d'elle, et commença ainsi son récit :

« Le père de cet enfant est un cordonnier qui demeure dans la maison voisine. C'est un homme honnête, sobre, laborieux, tout jeune encore, et fort bien bâti. Sa femme était d'une jolie figure, mais d'une mauvaise santé; du reste, très diligente et très économe. Ils étaient mariés depuis sept ans, vivaient fort bien ensemble, et ils auraient fait le couple le plus heureux, s'ils avaient été un peu mieux dans leurs affaires. Julien ne possédait que son métier; et Madeleine, qui était orpheline, n'avait apporté à son mari qu'un peu d'argent qu'elle avait gagné au service d'un bon

curé d'une paroisse à trois lieues d'ici. Ce peu d'argent
fut employé à acheter un lit, quelques ustensiles de
ménage, et une petite provision de cuir pour travailler.
Malgré leur pauvreté, ils trouvèrent le moyen de se
soutenir pendant les premières années de leur mariage,
à force de travail et d'économie. Mais il était venu des
enfants : c'est là ce qui commença à les déranger. Encore auraient-ils pu se tirer de peine en redoublant de
courage, s'il ne leur était arrivé des malheurs. La pauvre Madeleine, qui avait travaillé tous les jours de l'été
dans les champs, pour apporter le soir quelque argent
à son mari, tomba malade de fatigue, et sa maladie
dura tout l'automne et tout l'hiver. Les remèdes étaient
fort coûteux; d'un autre côté, l'ouvrage n'allait pas si
bien, parce que les pratiques de Julien le quittaient
peu à peu, craignant d'être mal servies dans une maison où il y avait une femme malade. Enfin Madeleine
se rétablit, mais non les affaires de son mari. Il fallut
emprunter pour payer l'apothicaire et le médecin. Le
travail de Julien n'allait plus du tout; il avait perdu
toutes ses pratiques ; et Madeleine ne trouvait pas de
journées à gagner, parce que ses forces s'étaient affai-
blies et que personne ne voulait l'employer. De plus,
le loyer de leur maison et la rente de l'argent qu'ils
avaient emprunté les écrasaient. Il leur fallut plus
d'une fois endurer la faim ; et ils se trouvaient bien
heureux lorsqu'ils avaient un morceau de pain à donner à leurs enfants. »

A ces mots, le petit Jacquot se retira dans un coin
et se mit à soupirer.

« Il arriva encore que l'homme impitoyable à qui
appartenait leur maison, voyant qu'ils n'avaient pas
été en état de payer les deux quartiers de l'hiver, me-
naça Julien de le faire arrêter. Ils le prièrent instam-
ment de prendre patience jusqu'à la moisson, parce

qu'alors ils pourraient gagner des journées à travailler dans les champs; mais ni leurs supplications ni
leurs larmes ne purent l'attendrir, quoiqu'il soit le
plus riche de tout le village. Ce fut avec bien de la
peine qu'il leur accorda encore un mois de délai; mais
il jura que si au bout de ce temps il n'était pas payé eu
entier, il ferait vendre leurs meubles et mettre Julien
en prison. On ne vit plus alors chez ces pauvres gens
qu'une tristesse et une souffrance capable d'attendrir
un rocher. Vous pouvez croire, Monsieur, que mon
cœur s'est serré bien souvent d'entendre ces bons voisins se lamenter, et de ne pouvoir les secourir. J'al-
lai moi-même une fois chez leur créancier, et je le
priai d'avoir compassion de leur misère. Je lui dis
que j'engagerais, s'il le fallait, ma chaumière, qui
était tout ce que je possédais. Mais cela ne servit de
rien. Tu es une misérable aussi bien qu'eux, me répondit-il; voilà ce que c'est que de loger de la canaille
comme vous autres. Ah! Monsieur (ici des larmes cou-
lèrent sur les joues de Suzon), j'endurai patiemment
ce reproche, pour ne pas le fâcher encore davantage;
mais que je souffrais de n'être qu'une pauvre veuve et
de ne pouvoir soulager en rien ces braves gens! Combien les riches pourraient faire de bien, s'ils en avaient
la volonté comme les pauvres! Mais, pour revenir à
nos malheureux voisins, je conseillai à Madeleine d'aller se jeter aux pieds du curé chez qui elle avait servi
quelques années en digne et honnête fille, et de le prier
de lui avancer quelque argent. Elle me répondit qu'elle
en parlerait à son mari, mais qu'elle aurait bien de la
peine à faire ce que je lui disais, parce que le curé
pourrait croire qu'ils étaient tombés dans la misère par
une mauvaise conduite. Il y a trois jours qu'elle m'a-
mena, comme elle avait coutume de le faire, ses deux
enfants, et me pria de les garder jusqu'au soir. Elle

voulait aller dans le village voisin, et voir si elle ne
pourrait pas trouver chez le tisserand du chanvre à
filer pour payer leur dette. Elle n'avait jamais pu prendre sur elle-même de se présenter chez le curé, son
ancien maître ; mais son mari devait y aller à sa place,
il s'était mis en route ce même jour. Je me chargeai
avec plaisir des enfants, que j'aimais beaucoup, les
ayant vu naître. Madeleine, en partant, les pressa contre son cœur et les embrassa, comme si elle les voyait
pour la dernière fois. Je crois la voir encore ! Elle
avait les yeux pleins de larmes, et elle dit à l'aîné :
Ne pleure pas, Jacquot, je vais être bientôt de retour,
et je viendrai te chercher. Elle me tendit la main, me
remercia de ce que je voulais bien garder ses enfants,
les embrassa et sortit.

» Au bout de quelque temps, j'entendis un bruit
sourd dans sa maison ; mais, comme je la croyais partie, je pensai que c'était un fagot mal appuyé contre la
muraille qui avait roulé à terre, et je ne m'en inquiétai pas. Cependant le soir vint, puis la nuit vint, et je
ne voyais point reparaître ma voisine. Je voulus aller voir chez elle si elle n'y était pas entrée pour poser sa filasse avant de venir reprendre ses enfants. Je
trouvai la porte ouverte, et j'entrai. O mon Dieu !
comme je fus frappée en voyant Madeleine étendue
raide morte au pied d'une échelle ! Je demeurai moi-même immobile et froide comme une pierre. Je ne
savais ce que je devais faire. Enfin, après avoir cherché inutilement à la soulever, je courus chez le chirurgien, qui vint, lui tâta le pouls en hochant la tête,
et envoya tout de suite chercher le bailli. Les gens de
justice et le chirurgien examinèrent comment elle
pouvait s'être tuée ; et on trouva qu'elle devait être
morte sur le coup, ou que n'ayant pu appeler pour

avoir du secours, elle était expirée dans son évanouissement.

» Je comprends bien comment cela aura pu arriver. Elle était rentrée chez elle pour aller prendre dans son grenier le sac dans lequel elle devait rapporter la filasse; et comme elle avait encore les yeux troubles de larmes, elle n'avait pas bien vu à poser son pied en descendant sur le plus haut bâton de l'échelle, et elle était tombée la tête la première sur le carreau. Son sac, qui était à côté d'elle, le disait assez. Cependant il vint d'autres idées au bailli. Il ordonna qu'on enterrât le cadavre le lendemain au matin, avant le jour, et sans cérémonie, à l'extrémité du cimetière, et il dit qu'il allait faire des informations pour savoir ce que Julien était devenu. Je lui offris de garder les deux enfants chez moi; car, bien que j'aie beaucoup de peine à vivre moi-même, je me disais : Le bon Dieu sait que je suis une pauvre veuve, et s'il met ces enfants à ma charge, il saura bien m'aider à les nourrir. Le petit frère de celui-ci n'y a pas resté longtemps. Hier même, quelques heures après que Madeleine eut été enterrée, le bon curé chez qui elle avait servi vint par hasard pour la voir. Il frappa quelque temps à sa porte ; et comme personne n'ouvrait, il vint à ma fenêtre, et me demanda où était Julien le cordonnier, qui demeurait dans la maison d'à côté. Je lui répondis que, s'il voulait se donner la peine d'entrer un moment, j'aurais bien des choses à lui dire. Il entra, et s'assit, tenez, là où vous êtes. Je lui racontai tout ce qui est arrivé. Il versa un torrent de larmes. Je lui dis ensuite que Julien avait eu la pensée d'avoir recours à lui dans l'embarras où il se trouvait. Il parut surpris, et il m'assura qu'il n'avait absolument pas vu Julien. Les deux enfants vinrent à lui : il les caressa beaucoup, et Jacquot lui demanda s'il ne pourrait pas réveiller sa mère qui dormait depuis si longtemps. Les larmes revinrent aux yeux du bon curé en entendant ainsi parler cet enfant; et il me dit : Bonne femme, j'enverrai chercher demain ces deux petits garçons, et je les garderai avec moi. Si leur père revient, et qu'il soit en état de les élever, je les lui rendrai lorsqu'il me les demandera. En attendant, j'aurai soin de leur éducation. Cela ne me fit pas trop de plaisir. J'aime ces petits innocents comme une mère, et il m'en aurait coûté de les voir partir si vite. — Monsieur le curé, lui répondis-je, je ne saurais consentir à me séparer de ces enfants : je suis accoutumée à eux, et ils sont accoutumés à moi. — Eh bien! ma bonne femme, il faut que vous m'en donniez un, et moi je vous laisserai l'autre, puisqu'il doit se trouver si bien auprès de vous : je vous enverrai de temps en temps quelque chose pour son entretien. — Je ne pouvais refuser cela au bon curé. Il demanda à Jacquot s'il ne serait pas bien aise d'aller avec lui. — Là où est ma mère? répondit Jacquot; oh! oui, de tout mon cœur.— Non, mon petit ami, ce n'est pas là. C'est dans ma jolie maison, dans mon joli jardin. — Non, non, laissez-moi ici avec Suzon; j'irai tous les jours voir ma mère ; j'aime mieux aller là que dans votre joli jardin. — Le bon curé ne voulut pas tourmenter davantage l'enfant, qui était allé se cacher derrière les rideaux de mon lit. Il me dit qu'il allait faire emporter par son valet le plus jeune, qui m'aurait donné plus d'embarras que l'aîné, et il me laissa quelque argent pour celui-ci. Voilà, Monsieur, tout ce que j'ai à vous apprendre des parents de Jacquot. Ce qui redouble aujourd'hui ma peine, c'est que Julien ne revient point, et que les gens de justice font courir le bruit qu'il est allé se jeter dans une troupe de contrebandiers, et que sa femme s'est tuée de chagrin. Ces mensonges ont tellement couru tout le vil-

lage, qu'il n'y a pas jusqu'aux enfants qui ne les aient
dans la bouche ; et lorsque mon Jacquot veut aller avec
eux, ils le chassent et veulent le battre. Le pauvre enfant se désole, et il ne sort plus que pour aller sur la
fosse de sa mère. »

Après avoir écouté en silence, mais non sans un
profond attendrissement, le récit de Suzon, M. de Cursol dit : Digne femme, vous vous êtes conduite bien
généreusement envers cette malheureuse famille ; Dieu
n'oubliera pas de vous en récompenser.

SUZON. Je n'ai fait que ce que je devais. Nous ne
sommes ici-bas que pour nous aider et nous secourir.
Je pensais toujours que je ne pouvais rien faire de plus
agréable aux regards de Dieu, pour tous les biens que
j'en ai reçus, que de soulager de tout mon pouvoir
mes pauvres voisins. Ah ! si j'avais pu en faire davantage ! Mais je ne possède rien au monde que ma cabane, un petit jardin où je cueille mes herbes, et ce
que je puis gagner par le travail de mes mains. Cependant, depuis huit ans que je suis veuve, Dieu m'a toujours soutenue honnêtement, et j'espère qu'il me sou-
tiendra de même le reste de mes jours.

M. DE CURSOL. Mais si vous gardez cet enfant avec
vous, la dépense de sa nourriture pourra vous gêner
beaucoup, jusqu'à ce qu'il soit en état de gagner sa vie.

SUZON. Je ferai en sorte qu'il y en ait toujours assez
pour lui. Nous partagerons jusqu'à mon dernier morceau de pain.

M. DE CURSOL. Et où prendrez-vous de quoi lui fournir de vêtements?

SUZON. J'en laisse le soin à celui qui revêt les prai-
ries de gazon et les arbres de feuillage. Il m'a donné
des doigts pour coudre et pour filer ; je les ferai servir
à habiller notre petit orphelin. Quand on sait prier et
travailler, on ne manque jamais.

M. DE CURSOL. Vous êtes donc bien décidée à garder Jacquot avec vous?

SUZON. Toujours, Monsieur. Je ne saurais vivre avec la pensée de renvoyer ce petit orphelin, ou de le renfermer dans une maison de charité.

M. DE CURSOL. Vous êtes apparemment alliée à sa famille?

SUZON. Nous ne sommes alliés que par le voisinage et par la religion.

M. DE CURSOL. Et moi, je vous suis allié à l'un et à l'autre par la religion et par l'humanité. Ainsi je ne souffrirai point que vous ayez seule tout l'honneur de faire du bien à cet orphelin, quand Dieu m'en a fourni plus de moyens qu'à vous. Confiez à mes soins l'éducation de Jacquot; et puisque vous êtes si bien accoutumés l'un à l'autre, et que vous méritez vous-même, par votre bienfaisance, tout ce que son attachement pour sa mère a su m'inspirer en sa faveur, je vous prendrai tous les deux dans mon château, et j'aurai soin de votre sort. Vendez votre jardin et votre chaumière, et venez auprès de moi; vous y serez nourrie et logée pendant votre vie entière.

SUZON, *le regardant avec des yeux attendris.* Ne soyez point fâché contre moi, Monsieur. Que Dieu vous récompense de toutes vos bontés! mais je ne puis accepter vos offres.

M. DE CURSOL. Et pourquoi donc?

SUZON. D'abord, c'est que je suis attachée aux lieux où je suis née, et où j'ai vécu si longtemps : et puis il me serait impossible de me faire au tracas d'une grande maison et à la vue de tous les gens qui la remplissent. Je ne suis pas accoutumée au repos ni à une nourriture délicate; je tomberais malade si je n'avais rien à faire, ou si je mangeais de meilleures choses que de coutume. Laissez-moi donc dans ma chaumière avec mon petit Jacquot. Il ne lui en coûtera pas d'avoir une vie un peu dure. Cependant, si vous voulez lui envoyer de temps en temps quelques secours pour payer ses mois d'école et pour acheter les outils du métier qu'il prendra, le bon Dieu ne manquera pas de vous en payer au centuple : au moins Jacquot et moi nous l'en prierons tous les jours. Je n'ai point d'enfants; Jacquot sera le mien : et le peu que j'ai lui appartiendra lorsqu'il plaira au Seigneur de m'appeler à lui.

M. DE CURSOL. A la bonne heure. Je ne voudrais pas que mes bienfaits pussent vous chagriner. Je vous laisserai Jacquot, puisque vous êtes si bien ensemble. Parlez-lui souvent de moi, pour lui dire que j'ai pris la place de son père, pendant que vous prendrez aussi de votre côté les soins et le nom de la mère qui lui cause tant de regrets. Je vous enverrai chaque mois tout ce qui sera nécessaire pour votre entretien : je viendrai souvent vous voir, et ma visite sera pour vous autant que pour lui.

Suzon leva les yeux vers le ciel, et attacha sur ses lèvres le pan de l'habit de M. de Cursol; puis elle dit à l'enfant : Viens, Jacquot, baise la main de ce monsieur; il veut être ton père. Jacquot baisa la main de M. de Cursol ; mais il dit à Suzon : Comment peut-il être mon père? Il n'a pas de tablier devant lui.

M. de Cursol sourit de la question naïve de Jacquot, et jetant sa bourse sur la table : Adieu, brave Suzon, dit-il; adieu, mon petit ami; vous ne tarderez pas à me revoir. Il alla reprendre son cheval, et prit sa route vers la paroisse du curé qui avait emmené le plus jeune orphelin.

Il trouva le curé occupé à lire une lettre, sur laquelle il laissait tomber quelques larmes. Après les premières civilités, M. de Cursol exposa au digne pas-

4

teur le sujet de sa visite, et lui demanda s'il savait ce qu'était devenu le père des deux petits malheureux.

— Monsieur, lui dit le curé, il n'y a pas un quart d'heure que j'ai reçu de lui cette lettre, écrite à sa femme. Il me l'a adressée avec ce paquet d'argent, pour lui remettre l'un et l'autre, et la consoler de son absence. Sa femme étant morte, j'ai ouvert la lettre : la voici : ayez la bonté de la lire. M. de Cursol prit la lettre avec empressement, et lut ce qui suit :

« Ma chère femme,

» Je ne puis penser sans chagrin que tu aies été dans la peine à cause de mon absence : mais laisse-moi te conter ce qui m'est arrivé. Comme j'étais en chemin pour me rendre chez M. le curé, voici ce qui me vint dans la pensée : Que me servira d'aller faire ainsi le mendiant? Je ne ferai que sortir d'une dette pour entrer dans une autre, et il ne me restera que l'inquiétude de savoir comment la payer. Moi qui suis encore jeune, et qui peux travailler, aller demander tant d'argent! j'aurais l'air d'un débauché ou d'un paresseux. M. le curé a fait notre mariage; il nous aime comme ses enfants; mais s'il allait me refuser par mépris, ou qu'il fût hors d'état de nous secourir ! Et puis, quand il m'avancerait la somme pour un an, serais-je bien sûr de pouvoir la lui rendre? Et si je ne la lui rends pas, ne serai-je pas alors comme un voleur? Je l'aurai trompé Voilà ce que je me disais, ma chère Madeleine, et je pensai ensuite comment je pourrais nous tirer de peine toi et moi, d'une manière plus honnête. Je ne savais quel parti prendre. Je poussais bien des soupirs vers Dieu. Enfin il me vint tout-à-coup dans l'esprit : Tu es encore jeune, tu es grand et robuste : quel mal

aurait-il de te faire soldat pour quelques années? Tu
sais lire, écrire et compter joliment, tu peux encore
faire la fortune de ta femme et de tes enfants; tu peux
au moins te débarrasser de tes dettes. Pense que, si tu
es rangé, et que tu amasses quelque chose, tu pourras
l'envoyer à Madeleine. J'étais depuis une demi-heure
dans ces pensées, lorsque je vis de loin venir derrière
moi deux soldats. Ils m'eurent bientôt joint. Ils me de-
mandèrent d'où je venais, où j'allais, et si je ne serais
pas bien aise de servir le roi. Je fis d'abord comme si
je n'avais pas eu de goût pour le métier. Ils me tour-
mentèrent encore, et me promirent un bon engagement
de cinquante écus. Je leur dis qu'à ce prix je pourrais
bien m'enrôler pour six ans. Tope, me dirent-ils. Allons, viens avec nous, l'affaire sera bientôt bâclée. Ils
m'amenèrent devant un officier. Il me fit toiser, et me
demanda si je savais lire, écrire et compter; et quand
je lui eus répondu qu'oui, il me fit aussitôt délivrer
mon argent; et de cette façon, ma chère Madeleine, me
voilà soldat pour sortir d'embarras. Je t'envoie les
cinquante écus. Je n'en ai rien voulu garder. Paie tout
de suite les trente écus que je dois, et six francs d'intérêt. Avec le reste, tiens ton ménage du mieux que tu
pourras. Nourris-toi bien pour faire revenir tes forces.
Habille nos enfants et envoie-les bientôt à l'école. Je
sais que tu es adroite et diligente : mais avec tout
cela, tu ne saurais aller bien loin. Patience ! j'aurai
une paye de cinq sous par jour. Je vais voir si je ne
pourrai pas épargner sur chaque journée un ou deux
sous pour te les envoyer au bout du mois. Je deman-
derai dans quelque temps un congé pour t'aller voir.

» Ma chère Madeleine, ne t'afflige pas. Confie-toi à
Dieu ; six ans sont bientôt passés, Je reviendrai alors
à toi, et nous pourrons recommencer à tenir ensemble
notre ménage. Mon officier m'a promis d'écrire au

bailli pour me faire conserver mon droit de commu-·
nauté. Elève bien nos enfants; retiens-les à la maison,
et fais-leur aimer l'ouvrage. Prie tous les jours avec
eux, et dis-leur bien des choses du bon Dieu, et d'être
honnêtes gens. Tu es en état de les instruire comme il
faut. Vis dans la crainte du Seigneur; prie-le pour moi,
et je le prierai pour toi. Réponds-moi promptement,
tu n'auras qu'à donner ta lettre au curé pour me la
faire tenir. Embrasse pour moi nos deux enfants. Dis à
Jacquot que, s'il est bien sage, je lui porterai quelque
chose à mon retour. Dieu soit loué de toutes choses!
aime-moi toujours, et je resterai toujours ton fidèle
mari.

» JULIEN. »

Les yeux de M. de Cursol s'étaient remplis de larmes
pendant la lecture de cette lettre. Lorsqu'il l'eut achevée : Voilà, s'écria-t-il, ce qu'on peut appeler un bon
mari, un bon père et un honnête homme! Monsieur le
curé, on doit avoir bien du plaisir à faire le bonheur de
si braves gens. Je vais acheter le congé de Julien : je
paierai ses dettes, et je lui donnerai de quoi reprendre
honnêtement son état. Ces cinquante écus resteront
pour ses enfants. Ils ont coûté cher à leur père! Ils
seront partagés entre eux le jour qu'ils pourront s'établir. Gardez cet argent dans vos mains, et leur en parlez
quelquefois, comme du plus vif témoignage de la tendresse paternelle. Je vous en paierai les intérêts, pour
les réunir au capital. Je veux entrer pour quelque
chose dans ce dépôt sacré.

Le digne curé était trop oppressé pour être en état
de répondre à M. de Cursol. Celui-ci entendit la force
de son silence, lui serra la main et partit. Tous ses
projets en faveur de Julien ont été exécutés. Julien,

rendu au repos, et jouissant d'une aisance qu'il n'a jamais goûtée, serait le plus heureux des hommes sans les regrets de la perte de Madeleine. Il ne trouve de soulagement qu'à s'en entretenir sans cesse avec Suzon. Cette digne femme se regarde comme sa sœur, et se croit la mère de ses enfants. Jacquot ne laisse jamais passer un seul jour sans aller sur la fosse de sa mère. Il a si bien profité des secours de M. de Cursol, que ce généreux gentilhomme a des vues pour lui former l'établissement le plus avantageux. Il a pris le même soin du plus jeune enfant de Julien, et il ne monte jamais à cheval sans se rappeler cette touchante aventure. Lorsqu'il lui survient quelque peine, il va voir les personnes qu'il a rendues heureuses, et il s'en retourne toujours chez lui soulagé de son chagrin.

LES CAQUETS.

Si Aurélie était d'un naturel assez doux, elle n'avait pas moins contracté un défaut bien cruel : c'était de rapporter publiquement tout ce qu'elle croyait remarquer de mauvais dans les autres. L'inexpérience de son âge lui faisait souvent interpréter d'une manière fâcheuse les actions les plus innocentes. Un seul mot, une apparence légère, lui suffisaient pour former d'injustes soupçons; et à peine venaient-ils de s'établir dans son esprit, qu'elle courait les répandre comme des faits avérés. Elle y ajoutait même quelquefois les circonstances que lui avait prêtées son imagination, pour se rendre la chose vraisemblable à elle-même. Vous devez penser aisément combien de maux furent produits par ses récits indiscrets. D'abord toutes les familles de son quartier furent brouillées ensemble. La division se répandit dans chacune d'elles en particulier. Les maris et les femmes, les frères et les sœurs, les maîtres et les domestiques, étaient dans un état de guerre continuel. La confiance était soudain bannie des sociétés où la petite fille entrait avec sa mère. On n'osait plus se permettre devant elle le moindre épanchement. Les personnes d'un caractère faible tremblaient en sa présence, et n'en étaient pas plus disposées à l'aimer. Celles qui avaient plus de fermeté dans l'esprit lui adressaient des reproches terribles. On en vint bientôt à lui fermer toutes les maisons de la ville, comme à une malheureuse créature atteinte de la peste. Mais ni la haine ni les humiliations ne pouvaient la corriger d'un défaut dont l'habitude s'était déjà profondément enracinée dans son esprit.

Cette gloire était réservée à Dorothée, sa cousine, la seule qui voulût encore recevoir ses visites, ou répondre à ses invitations, dans l'espérance de la ramener d'un penchant qui l'entraînait au malheur de sa vie entière.

Aurélie était allée un jour la voir, et avait passé une heure ou deux à lui raconter des histoires malignes de toutes les jeunes demoiselles de sa connaissance, malgré le dégoût que Dorothée témoignait à l'écouter.

— Maintenant, ma petite cousine, lui dit-elle lorsqu'elle eut fini faute de respiration, fais-moi aussi des histoires à ton tour. Tu vois une compagnie assez ridicule pour être en fonds d'anecdotes plaisantes.

— Ma chère Aurélie, lui répondit Dorothée, lorsque je vois mes amies, je me livre tout entière au plaisir de leur société, sans perdre ma joie à remarquer leurs défauts. J'en reconnais d'ailleurs un si grand nombre en moi-même, que je n'ai guère le temps de m'embarrasser de ceux des étrangers. Comme j'ai besoin de

leur indulgence; je leur accorde toute la mienne.
J'aime mieux fixer mon attention sur leurs bonnes
qualités, afin de tâcher de les acquérir. Il me semble
qu'il faut n'avoir rien à éclairer dans son propre cœur
pour porter le flambeau dans celui des autres. Je te
félicite de cet état de perfection dont je suis malheureusement bien éloignée. Continue, ma chère cousine,
ces nobles fonctions d'un censeur charitable, qui veut
rappeler le genre humain à la vertu en lui montrant la
laideur du vice. Tu ne peux manquer de recueillir
une bienveillance universelle pour des travaux si généreux.'

Aurélie, qui se voyait devenue l'objet de la haine
publique, sentit aisément les railleries piquantes de sa
cousine. Elle commença, dans ce moment, à faire des
réflexions sérieuses sur le danger de ses indiscrétions.
Elle frémit d'horreur sur elle-même en retraçant devant ses yeux tous les maux qu'elle avait causés,
et résolut d'en arrêter le cours. Elle eut bien de la
peine à se défaire de la coutume qu'elle avait prise
d'envisager les choses du côté seul qui pouvait
fournir matière à des interprétations défavorables. Mais
quelles difficultés peuvent résister à une ferme et cou-
rageuse résolution? Elle parvint enfin à ne tourner la
pénétration de son esprit observateur que vers les objets dignes de ses éloges; et les jouissances odieuses
de la malignité furent remplacées par une satisfaction
bien plus pure et bien plus flatteuse. Elle était la première à présenter toutes les actions équivoques sous
un point de vue qui les fit excuser. Lorsqu'elle ne pouvait se les offrir à elle-même avec des couleurs favo-
rable : Peut-être, se disait-elle, ne sais-je pas toutes
les circonstances de cette aventure. On a eu sans doute
des motifs louables que j'ignore. Enfin, si le cas n'était
susceptible d'aucune indulgence, elle plaignait le cou-

pable, rejetait sa faute sur une trop grande précipitation, ou sur l'ignorance du mal qu'il pouvait commettre.

Cependant elle fut bien longtemps encore à regagner les cœurs qu'elle s'était aliénés. Elle était déjà parvenue à l'âge de s'établir, et personne ne se présentait pour l'épouser. On l'avait évitée avec tant de soin pendant des années entières, qu'on avait insensiblement perdu son souvenir, comme si sa carrière eût été finie pour le monde.

Elle se croyait déjà abandonnée, et réduite à passer sa vie dans une triste solitude, privée des plaisirs d'un heureux mariage et d'une société choisie d'amis, lorsqu'un étranger fort riche, adressé à son père, l'ayant entendue prendre le parti d'un absent qu'on accusait, fut si touché de la bonté d'un caractère qui sympathisait avec le sien, qu'il crut avoir trouvé la femme la plus propre à faire son bonheur. Il demanda sa main à ses parents, et mit à ses pieds la disposition de son cœur et de sa fortune.

Aurélie, de plus en plus convaincue, par une double expérience, des désagréments attachés au penchant cruel de dévoiler les fautes de ses semblables, et de la joie délicieuse qu'on trouve dans sa propre estime et dans celle des gens de bien, en excusant, par une tendre indulgence, les faiblesses de l'humanité, propose tous les jours son exemple à ses enfants, pour les garantir du malheur dont elle était près de devenir la victime

I LES HOMMES NE TE VOIENT PAS, DIEU TE VOIT.

Le petit Fabien revenait un jour des champs avec M. de la Ferrière, son père. C'était un beau jour d'automne, il était chargé de fleurs, et il faisait encore grand chaud.

— Mon papa, dit Fabien en tournant la tête du côté d'un jardin le long duquel ils marchaient alors, j'ai bien soif.

— Et moi aussi, mon fils, lui répondit M. de la Ferrière; mais il faut prendre patience jusqu'à ce que nous arrivions à la maison.

FABIEN. Voilà un poirier chargé de bien belles poires. Voyez, c'est du doyenné. Ah! que j'en mangerais une avec un grand plaisir!

M. DE LA FERRIÈRE. Je le crois sans peine. Mais cet arbre est dans un jardin fermé de toutes parts.

FABIEN. La haie n'est pas trop fourrée, et voici un trou par où je pourrais bien passer.

M. DE LA FERRIÈRE. Et que dirait le maître du jardin s'il était là?

FABIEN. Oh! il n'y est pas sûrement, il n'y a personne qui puisse nous voir.

M. DE LA FERRIÈRE. Tu te trompes, mon enfant. Il y a quelqu'un qui nous voit, et qui nous punirait avec justice, parce qu'il y aurait du mal à faire ce que tu te proposes.

FABIEN. Et qui serait-ce donc, mon papa?

M. DE LA FERRIÈRE. Celui qui est présent partout, qui ne perd jamais un instant de vue, et qui voit jusque dans le fond de nos pensées : Dieu!

FABIEN. Ah ! vous avez raison, je n'y songe plus.

Au même instant il se leva derrière la haie un homme qu'ils n'avaient pu voir, parce qu'il était étendu sur un banc de gazon. C'était un vieillard à qui appartenait le jardin, et qui parla de cette manière à Fabien :

« Remercie Dieu, mon enfant, de ce que ton père t'a empêché de te glisser dans mon jardin, et d'y venir prendre une chose qui ne t'appartenait pas. Apprends qu'au pied de ces arbres on a tendu des piéges pour surprendre les voleurs ; tu t'y serais cassé les jambes, et tu serais resté boiteux pour toujours. Mais puisqu'au premier mot de la sage leçon de ton père tu as témoigné de la crainte de Dieu, et que tu n'as pas insisté plus longtemps sur le vol que tu méditais, je vais te donner avec plaisir des fruits que tu désires. »

A ces mots, il alla vers le plus beau poirier, secoua l'arbre, et porta à Fabien son chapeau rempli de poires. M. de la Ferrière voulut tirer de l'argent de sa bourse pour récompenser cet honnête vieillard, mais il ne put jamais l'engager à céder à ses instances.

— J'ai eu du plaisir, Monsieur, à obliger votre enfant, et je n'en aurais plus si je m'en laissais payer. Il n'y a que Dieu qui paye ces choses-là.

M. de la Ferrière lui tendit la main par-dessus la haie. Fabien le remercia aussi dans un assez joli compliment ; mais il lui témoigna sa reconnaissance d'une manière encore plus vive par l'air d'appétit dont il mordait dans les poires, dont l'eau ruisselait de tous côtés.

— Voilà un bien brave homme, dit Fabien à son papa lorsqu'il eut fini la dernière et qu'ils se furent éloignés du vieillard.

M. DE LA FERRIÈRE. Oui, mon ami ; il l'est devenu sans doute pour avoir pénétré ton cœur de cette grande vérité, que Dieu ne laisse jamais le bien sans récompense et le mal sans châtiment.

FABIEN. Dieu m'aurait donc puni si j'avais pris les poires?

M. DE LA FERRIÈRE. Le bon vieillard t'a dit ce qui te serait arrivé.

FABIEN. Mes pauvres jambes l'ont échappé belle. Mais ce n'est pas Dieu qui a tendu lui-même ces piéges.

M. DE LA FERRIÈRE. Non, sans doute, ce n'est pas lui-même. Mais les piéges n'ont pas été tendus à son insu et sans sa permission. Dieu, mon cher enfant, règle tout ce qui se passe sur la terre, et il dirige toujours les événements de manière à récompenser les gens de bien de leurs bonnes actions, et à punir les méchants de leurs crimes. Je vais te raconter, à ce sujet, une aventure qui m'a trop vivement frappé dans mon enfance pour que je puisse l'oublier de toute ma vie.

FABIEN. Ah! mon papa, je suis heureux aujourd'hui : de la promenade, des poires et une histoire encore!

M. DE LA FERRIÈRE. Quand j'étais encore aussi petit que toi, et que je vivais auprès de mon père, nous avions deux voisins, l'un à droite, l'autre à gauche de notre maison. Le premier s'appelait Dubois, et le second Verneuil.

M. Dubois avait un fils nommé Silvestre, et M. Verneuil en avait aussi un nommé Gaspard.

Derrière notre maison et celle de nos voisins étaient de petits jardins, séparés les uns des autres par des haies vives. Silvestre, lorsqu'il était seul dans le jardin de son père, s'amusait à jeter des pierres dans tous les jardins d'alentour, sans faire réflexion qu'il pouvait blesser quelqu'un. M. Dubois s'en était aperçu, et lui en avait fait de vives réprimandes, en le menaçant de le châtier s'il y revenait jamais. Mais, par malheur, cet enfant ignorait ou n'avait pu se persuader qu'il ne faut pas faire le mal, même lorsqu'on est seul, parce que Dieu est toujours auprès de nous, et qu'il voit tout ce que nous faisons. Un jour que son père était sorti, croyant n'avoir pas de témoins, et qu'ainsi personne ne le punirait, il remplit sa poche de cailloux et se mit à lesl ancer de tous les côtés.

Dans le même temps, M. Verneuil était dans son jardin avec son fils.

Gaspard avait le défaut de croire, comme Silvestre, que c'était assez de ne pas faire le mal devant les autres, et que, lorsqu'on était seul, on pouvait faire tout ce qu'on voulait. Son père avait un fusil chargé pour tirer aux moineaux qui venaient manger ses cerises, et il se tenait sous un berceau pour les guetter. Dans ce moment, un domestique vint lui dire qu'un étranger l'attendait dans le salon. Il laissa le fusil sous le berceau, et il défendit expressément à Gaspard d'y toucher. Gaspard, se voyant seul, se dit à lui-même : Je ne vois pas le mal qu'il y aurait à jouer un moment avec ce fusil. En disant ces mots, il le prit, et se mit à faire l'exercice comme un soldat. Il présentait les armes, il se reposait sur ses armes; il voulut essayer s'il saurait aussi coucher en joue et ajuster.

Le bout de son fusil était tourné par hasard vers le jardin de M. Dubois. Au moment où il allait fermer l'œil gauche pour viser, un caillou, lancé par Silvestre, vint le frapper droit à cet œil. Gaspard, saisi d'effroi et de douleur, laissa tomber son fusil. Le coup partit, et aye ! aye ! on entendit des cris dans les deux jardins.

Gaspard avait reçu une pierre dans l'œil; Silvestre reçut toute la charge du fusil dans une jambe. L'un devint borgne, l'autre boiteux; et ils restèrent dans cet état toute leur vie.

FABIEN. Ah! le pauvre Silvestre! le pauvre Gaspard! que je les plains!

M. DE LA FERRIÈRE. Ils étaient effectivement fort à plaindre ; mais je suis encore plus sensible au malheur de leurs parents, d'avoir eu des enfants indociles et disgraciés. Dans le fond, ce fut un vrai bonheur pour ces deux petits vauriens d'avoir eu cette mésaventure.

FABIEN. Et comment donc, papa?

M. DE LA FERRIÈRE. Je vais te le dire. Si Dieu n'avait de bonne heure puni ces enfants, ils auraient toujours continué de faire le mal lorsqu'ils se seraient vus seuls ; au lieu qu'ils apprirent par cette expérience que tout le mal que les hommes ne voient pas, Dieu le voit et le punit.

C'est d'après cette leçon qu'ils devinrent prudents et religieux, qu'ils évitaient de mal faire dans la plus grande solitude, comme s'ils avaient vu s'ouvrir sur eux tous les yeux de l'univers.

Et c'était bien aussi le dessein de Dieu en les punissant de cette manière ; car ce bon père ne nous châtie que dans la vue de nous rendre meilleurs.

FABIEN. Voilà un œil et une jambe qui me rendront sage. Je veux éviter le mal et pratiquer le bien, quand même je ne verrais personne auprès de moi. Et, en disant ces mots, ils arrivèrent à la porte de leur maison.

LES MAÇONS SUR L'ÉCHELLE.

Monsieur Durand se promenant un jour avec le petit Albert, son fils, dans une place publique, ils s'arrêtèrent devant une maison qu'on bâtissait, et qui était déjà élevée jusqu'au second étage.

Albert remarqua plusieurs manœuvres placés l'un au-dessus de l'autre sur les bâtons d'une échelle, qui haussaient et baissaient successivement leurs bras. Ce spectacle piqua sa curiosité. — Mon papa, s'écria-t-il, quel jeu font ces hommes-là? Approchons-nous un peu du pied de l'échelle.

Ils allèrent se placer dans un endroit où ils n'avaient aucun danger à craindre. Ils virent un homme qui allait prendre un moellon dans un grand tas, et le portait à un autre homme placé sur le premier échelon. Celui-ci, élevant ses bras au-dessus de sa tête, présentait le moellon à un troisième élevé au-dessus de lui, qui, par la même opération, le faisait passer à un quatrième; et ainsi, de mains en mains, le moellon parvenait en un moment à la hauteur de l'échafaud sur lequel étaient les maçons prêts à l'employer.

— Que penses-tu de ce que tu vois? dit M. Durand à son fils. Pourquoi tant de personnes sont-elles employées à bâtir cette maison? Ne serait-il pas mieux qu'un seul homme y travaillât, et que les autres allassent faire chacun leur édifice?

— Vraiment, oui, mon papa, répondit Albert. Il y aurait alors bien plus de maisons qu'il n'y en a.

— As-tu bien pensé, répondit M. Durand, à ce que tu me dis là, mon fils? Sais-tu combien d'arts et de métiers appartiennent à la construction d'une maison comme celle-ci? Il faudrait donc qu'un homme seul, qui entreprendrait l'édifice, se formât dans toutes ces professions: en sorte qu'il passerait sa vie entière à acquérir ces diverses connaissances, avant de pouvoir être en état de commencer un bâtiment.

Mais supposons qu'il pût s'instruire en peu de temps de tout ce qu'il doit savoir pour cela. Voyons-le tout

·eul, et sans secours, creuser d'abord la terre pour y
eter ses fondements, aller chercher ensuite ses pierres,
les travailler, gâcher le mortier, le plâtre et la chaux,
et préparer tout ce qui doit entrer dans la maçonnerie.
Le voilà qui, plein d'ardeur, dispose ses mesures,
dresse ses échelles, établit ses échafauds; mais dans
combien de temps penses-tu que sa maison puisse être
élevée jusqu'au toit?

— Ah! mon papa! je crains bien qu'il ne vienne jamais à bout de l'achever.

— Tu as raison, mon fils; et il en est de cette maison
comme de tous les travaux de la société. Lorsqu'un
homme veut se retirer à l'écart et travailler pour lui
seul; lorsque, dans la crainte d'être obligé de prêter
ses secours aux autres, il refuse d'en emprunter de
leur part, il ruine ses forces dans son entreprise, et se
voit bientôt contraint de l'abandonner. Au lieu que si
les hommes se prêtent mutuellement leur assistance,
ils exécutent en peu de temps les choses les plus em-
barrassées et les plus pénibles, et pour lesquelles
il aurait fallu le cours d'une vie entière à chacun d'eux
en particulier.

Il en est aussi de même des plaisirs de la vie. Celui
qui voudrait en jouir tout seul n'aurait à se procurer
qu'un bien petit nombre de jouissances. Mais que tous
se réunissent pour contribuer au bonheur les uns des
autres, chacun y trouve sa portion.

Tu dois un jour entrer dans la société, mon fils : que
l'exemple de ces ouvriers soit toujours présent à ta mémoire. Tu vois combien ils s'abrègent et se facilitent
leurs travaux par les secours mutuels qu'ils se donnent.
Nous repasserons dans quelques jours, et nous verrons
leur maison achevée. Cherche donc à aider les autres
dans leurs entreprises, si tu veux qu'ils s'empressent à
leur tour de travailler pour toi.

JULIEN ET ROSINE.

Un jour que M. de Lorme s'amusait à lire dans un
coin du salon, où sa femme et sa fille travaillaient en
silence à quelque ouvrage de broderie, leur petit Julien arrive essoufflé, les yeux troubles de larmes, les
cheveux en désordre, son habit jeté en travers sur ses
épaules, et l'un de ses bas roulé sur le talon. Il tenait
une raquette à la main : Ma petite maman, venez, venez vite chez la pauvre mère de Christophe et de Frédéric. Ah! maman! ils n'ont rien mangé de la journée!
Frédéric m'a prié de jouer à la balle avec lui pour oublier qu'il avait faim, et ils n'auront à dîner que demain après le marché. Je leur ai offert tout mon argent.
Croiriez-vous qu'ils n'ont pas voulu le prendre? et je
leur ai dit : Venez avec moi, vous verrez. Aussitôt ils
ont répondu que nous les avions encore secourus la
semaine dernière, et qu'ils n'osaient venir si souvent
vous importuner; et puis la pauvre mère Martin s'est
mise à pleurer... Mais il ne faut pas que je pleure, car
mon papa travaille. (En pleurant encore plus fort.) Ah!
ma sœur, si tu l'avais vue, tu aurais aussi pleuré, je
t'assure. Et Julien, se baissant vers elle, prit un coin de
son tablier pour s'essuyer les yeux.

La mère attendrie laissa tomber son ouvrage de ses
mains, en regardant son cher Julien; et le père, pour
cacher une larme, se couvrit les yeux de son livre. Venez, mes enfants, leur dit la mère en les serrant tous
deux contre son cœur; allons voir si nous pourrons
soulager ces pauvres malheureux.

Pendant que Frédéric, Christophe et leur mère éplo-
rée embrassaient les genoux de leur bienfaitrice, Ro-

sine tira doucement son frère par le pan de son habit,
et lui dit bas à l'oreille : Ecoute, tu sais bien ce petit
gâteau que ma bonne nous a donné pour notre goûter... — Ah! mon Dieu! s'écria Julien en se retournant
tout-à-coup, cela est vrai. Tâche d'amuser ici maman
sans faire semblant de rien : je cours le chercher. — Le
voilà, reprit Rosine, baisse-toi. Et Rosine, soulevant
en cachette le chapeau de Frédéric, qui s'était par hasard trouvé sur la table, fit remarquer à Julien le petit
gâteau que sa main légère avait adroitement glissé par-
dessous.

LE CEP DE VIGNE.

Le printemps était revenu après un rude hiver.
M. de Surgy était allé se promener à sa maison de campagne avec Julien son fils. Déjà fleurissaient la vio-
lette et la primevère ; et plusieurs arbres s'étaient déjà
parés d'une verdure naissante et de fleurs blanches et
incarnat. Ils allèrent par hasard sous une treille, du
pied de laquelle s'élevait un cep de vigne rude et
tortu, qui étendait tristement et sans ordre ses bras dé-
pouillés.

— Mon papa, s'écria Julien, voyez ce vilain arbre
qui me fait les cornes. Pourquoi ne pas l'en arracher
et en chauffer le four de Mathurin? Et aussitôt il se
mit à le tirailler pour l'enlever de terre, mais ses ra-
cines l'y tenaient trop fortement attaché.

— Ne le tourmente pas, dit à son fils M. de Surgy, je
veux qu'il reste sur pied ; quand il en sera temps, je
dirai mes raisons.

— Mais, mon papa, voyez à côté ces fleurs brillan-

tes des amandiers et des pêchers. Pourquoi ne s'est-il
pas aussi bien paré, s'il veut qu'on le garde ? Il gâte et il
attriste tout le jardin. Voulez-vous que j'aille dire à
Mathurin de venir l'arracher ?

— Non, te dis-je, mon fils ; je veux qu'il reste sur
pied, au moins quelque temps encore.

Julien persistait à le condamner ; son père tâcha de
détourner son attention sur d'autres objets, et le malheureux cep de vigne fut oublié.

Les affaires de M. de Surgy l'appelaient dans une
ville éloignée ; il partit le lendemain et ne revint qu'au
commencement de l'automne.

Son premier soin fut d'aller visiter sa maison de
campagne ; il y mena encore son fils. Le soleil était
fort chaud ; ils allèrent se mettre à l'abri sous la treille.

— Ah ! mon papa, dit Julien, quelle belle verdure.
Je vous remercie d'avoir fait arracher ce vilain bois
desséché qui me faisait tant de peine à voir ce printemps, et d'avoir mis à la place ce charmant arbrisseau
pour me causer une agréable surprise. Quels fruits ra-
vissants ! Voyez ces belles grappes, les unes violettes,
les autres toutes noires ! Il n'y a pas un seul arbre
dans tout le jardin qui fasse une aussi belle figure. Ils
ont tous perdu leur fruit ; mais lui, voyez comme il
en est couvert ; voyez ces grandes feuilles vertes sous
lesquelles se cache le raisin ! Je voudrais bien savoir
s'il est aussi bon qu'il me paraît beau.

M. de Surgy lui en donna une grappe à goûter ; c'é-
tait du muscat. Ses transports recommencèrent ; et
combien ils furent plus vifs lorsque son père lui ap-
prit que c'était de ces graines qu'on exprimait la li-
queur délicieuse dont il goûtait quelquefois au dessert !

— Te voilà tout étonné, mon fils, lui dit M. de Surgy ;
je te surprendrais bien davantage si je te disais que

c'est là cet arbre rude et tortu qui te faisait les cornes
au printemps. Je vais, si tu veux, appeler Mathurin,
et lui dire de l'arracher pour en chauffer son four.

— Oh! gardez-vous-en bien, mon papa! qu'il prenne
tous les autres plutôt que celui-ci : j'aime tant le muscat !

— Tu vois donc, Julien, que j'ai bien fait de n'avoir
pas suivi ton conseil; ce qui t'est arrivé se présente
souvent dans la vie. On voit un enfant mal vêtu et d'un
extérieur peu agréable ; on le méprise, on s'enorgueillit
en se comparant à lui, on pousse même la cruauté jusqu'à lui tenir des discours insultants. Garde-toi, mon
fils, de ces jugements précipités. Dans ce corps peu fa-
vorisé de la nature réside peut-être une âme élevée,
qui étonnera un jour tout le monde par ses grandes ver-
tus, ou qui l'éclairera par ses lumières. C'est une tige
grossière, mais qui porte les plus beaux fruits.

LES OIES SAUVAGES.

Le jeune Raimond voyait un jour une troupe d'oies
sauvages qui traversaient les airs à demi cachées dans
les nues, et il admirait la hauteur et l'ordre de leur
vol.

M. de Laval se trouvait en ce moment près de lui.

— Mon papa, lui dit Raimond, vous prenez soin de
faire nourrir les oies que nous avons dans notre bas se-
cour; mais les oies sauvages, qui les nourrit?

— Personne, mon ami.

— Comment font-elles donc pour vivre?

— Elles cherchent elles-mêmes leur nourriture.
N'ont-elles pas des ailes?

— Celles de notre basse-cour en ont aussi. D'où vient qu'elles ne savent pas voler?

— C'est que toutes les bêtes apprivoisées sont des animaux dégénérés, qui ont perdu en partie l'usage de leurs forces et de leur instinct.

— Elles ne doivent pourtant pas se trouver plus à plaindre, puisque Marguerite leur fournit abondamment tout ce qu'il leur faut.

— Il est vrai, mon fils, qu'on les nourrit avec soin; mais tu sais dans quelles vues : pour les manger aussitôt qu'elles sont engraissées. Les autres ne craignent pas ce malheur. En se procurant toutes seules leurs aliments, elles peuvent jouir de tous les droits de la liberté. Il en est ainsi de la vie sociale. Un homme qui serait assez lâche pour se reposer entièrement sur les autres du soin de sa subsistance perdrait toute l'énergie de son esprit, et serait obligé de se vendre pour un morceau de pain. Celui qui se sent au contraire assez de courage pour pourvoir lui-même à ses nécessités, jouit d'une noble indépendance, et ne perd rien de la vigueur de son âme. Ce n'est pas que chacun de nous doive vivre à part, uniquement occupé de lui-même. Ces oiseaux, dont je te propose l'exemple, forment entre eux des sociétés fort bien réglées. On les voit couver les œufs et soigner les petits des mères qui perdent la vie par quelque malheur. Ils se soutiennent aussi mutuellement lorsqu'ils sont fatigués dans leur vol. Chacun se met à son tour à la tête de la troupe pour guider les autres et leur faciliter le voyage. Raimond, ces deux espèces d'oiseaux n'en formaient qu'une originairement. Tu vois quelle différence a mise entre eux leur manière de vivre.

— O mon papa! ne me parlez pas de ramper dans une basse-cour. Vivent ceux qui savent fendre les airs!

LE COMPLIMENT DE NOUVELLE ANNÉE.

Le premier jour de l'an, le petit Porphyre entra de bonne heure dans l'appartement de son papa, qui n'était pas encore levé. Il s'avança, en le saluant gravement, jusqu'à trois pas de son lit; et lui ayant fait encore une inclination respectueuse, il commença ainsi en enflant sa voix :

« Ainsi que les Romains s'adressaient autrefois des vœux le premier jour de l'année, ainsi, mon très honoré père, je viens... ah! je viens... »

Ici le petit orateur demeura court. Il eut beau frapper du pied, se gratter le front, fouiller dans toutes ses poches, le reste de la harangue ne se trouvait point. Le pauvre malheureux se tourmentait et suait à grosses gouttes. M. de Vermont eut pitié de son embarras. Il lui fit signe d'approcher; et l'ayant embrassé tendrement, il lui dit :

— Voilà un fort beau discours, mon fils. Est-ce toi qui l'as composé ?

— Non, mon papa. Vous avez bien de la bonté. Je n'en sais pas encore assez pour cela. C'est mon frère, qui est en rhétorique. Oh! vous y auriez vu du ronflant. C'est tout en périodes, à ce qu'il m'a dit. Tenez, je vais le repasser, rien qu'une fois, et vous verrez. Voulez-vous toujours que je vous dise celui qui est pour maman? Il est tiré de l'histoire grecque.

— Non, mon ami, cela n'est pas nécessaire. Ta mère et moi, nous vous savons le même gré, à toi et à ton frère.

— Oh! il a bien été quinze jours à le composer, et

moi aussi longtemps à l'apprendre. C'est triste qu'il m'échappe précisément lorsqu'il fallait m'en souvenir. Hier encore je le déclamais si bien à votre tête à perruque! Je le lui récitai d'un bout à l'autre, sans manquer une fois. Si elle pouvait vous le dire!

— J'étais alors dans mon cabinet. Va, je t'ai bien entendu.

— Vous m'avez entendu? Ah! mon papa, que je vous embrasse! Je le disais bien, n'est-ce pas?

— A merveille.

— Oh! c'est qu'il était beau!

— Ton frère y a mis toute son éloquence. Mais, je te l'avoue, j'aurais mieux aimé deux mots seulement, pourvu qu'ils fussent partis de ton cœur.

— Mais, mon papa, souhaiter tout uniment la bonne année, c'est bien sec.

— Oui, si tu te bornais à me dire : Mon papa, je vous souhaite une bonne année, accompagnée de plusieurs autres. Mais, au lieu de ce compliment trivial, ne pouvais-tu chercher en toi-même ce que je dois désirer le plus vivement dans cette année nouvelle?

— Ce n'est pas difficile, mon papa. C'est d'avoir une bonne santé, de conserver votre famille, vos amis et votre fortune, d'avoir beaucoup de plaisir et point de chagrin.

— Et ne me souhaites-tu pas tout cela?

— O mon papa! de tout mon cœur.

— Eh bien! voilà ton compliment tout fait. Tu vois que tu n'avais besoin de recourir à personne.

— Je ne croyais pas être si savant. Mais c'est toujours comme cela quand vous m'instruisez. Vous me faites trouver des choses que je n'aurais jamais cru savoir. Me voilà maintenant en état de faire des compliments à tout le monde. Je n'aurai qu'à leur adresser celui que je viens de vous faire.

Il peut en effet convenir à beaucoup de gens. Il y a cependant des différences à y mettre, suivant les personnes à qui tu parleras.

— Je sens bien à peu près ce que vous voulez me dire; mais je ne saurais le débrouiller tout seul. Expliquons cela à nous deux.

— Très volontiers, mon ami. Il est des biens en général qu'on peut souhaiter à tout le monde, comme ceux que tu me souhaitais tout-à-l'heure. Il en est d'autres qui ont rapport à la condition, à l'âge et au devoir de chacun. Par exemple, on peut souhaiter à une personne heureuse la durée de son bonheur; à un malheureux, la fin de ses peines ; à un homme en place, que Dieu veuille bénir ses projets pour le bien public, qu'il lui donne la force d'esprit et le courage nécessaires pour les exécuter, qu'il lui en fasse recueillir la récompense dans la félicité de ses concitoyens : à un vieillard on peut souhaiter une longue vie, exempte d'incommodités; à des enfants, la conservation de leurs parents, des progrès rapides et soutenus dans leurs études, l'amour de la science et de la sagesse; aux pères et aux mères, le succès de leurs espérances et de leurs soins pour l'éducation de leurs enfants; toutes sortes de prospérités à nos bienfaiteurs, avec la continuation de leur bienveillance. On ne doit pas même oublier ses ennemis, et adresser des vœux au ciel pour qu'il les fasse revenir de leur injustice, et qu'il leur inspire le désir de se réconcilier avec nous.

— O mon papa, que je vous remercie! me voilà en fonds de compliments pour tous ceux que je vais voir aujourd'hui. Soyez tranquille, je saurai donner à chacun ce qui lui revient, sans avoir besoin des périodes de mon frère. Mais, dites-moi, je vous prie : on a ces vœux dans le cœur toute l'année; pourquoi la bouche les dit-elle de préférence le premier jour de l'an?

— C'est que notre vie est comme une échelle, dont chaque nouvelle année forme un échelon. Il est tout naturel que nos amis viennent se réjouir avec nous de ce que nous sommes parvenus à celui-ci, et nous marquent leur vif désir de nous voir monter les autres aussi heureusement. Comprends-tu?

— Fort bien, mon papa.

— Je puis encore t'expliquer ceci par une autre comparaison.

— Ah! voyons, je vous prie.

— Te souviens-tu du jour où nous allâmes visiter Notre-Dame?

— O mon papa! quelle belle perspective on a du haut des tours! on découvre toute la campagne des environs.

— Saint-Cloud s'offrit à notre vue; et comme tes yeux ne sont pas encore fort exercés à mesurer les distances, tu me proposas d'y aller dîner à pied.

— Eh bien! mon papa, est-ce que je ne fis pas gaillardement le chemin?

— Pas mal. Je fus assez content de tes jambes. Mais c'est que j'eus la précaution de te faire asseoir à tous les milles.

— Il est vrai. Ce n'est pas mal imaginé, au moins, d'avoir mis de ces pierres-chiffres sur la route. On voit tout de suite combien on a marché, combien il faut marcher encore, et l'on s'arrange en conséquence.

— Tu viens d'expliquer de toi-même les avantages de la division du temps en portions égales, qu'on appelle années. Chaque année est comme un mille dans la carrière de la vie.

— Ah! j'entends. Et les saisons sont peut-être les quarts de milles et les demi-milles qui nous annoncent qu'un nouveau mille va bientôt venir.

— Fort bien, mon fils, ton observation est très juste.

Je suis charmé que ce petit voyage soit encore présent
à ta mémoire. Il peut t'offrir, si tu sais le considérer,
le tableau parfait de la vie humaine. Cherche à t'en
rappeler toutes les circonstances, et j'en ferai l'application.

— Je ne m'en souviendrais pas mieux si c'était hier.
D'abord, comme je me sentais ingambe, et que j'étais
glorieux de vous le montrer, je voulus aller très vite,
et je faisais je ne sais combien de faux pas. Vous me
conseillâtes d'aller plus doucement, parce que la route
était longue. Je suivis votre conseil; je n'eus pas à
m'en repentir. Chemin faisant, je vous questionnais sur
tout ce que je voyais, et vous aviez la bonté de m'instruire. Quand il se présentait un banc de pierre ou une
pièce de gazon, nous allions nous y asseoir pour lire
dans un livre que vous aviez porté. Puis nous repre-
nions notre marche, et vous m'appreniez encore beaucoup d'autres choses utiles et agréables. Je me souviens aussi que je fis, tout en marchant, les quatre
vers latins que mon précepteur m'avait donnés pour
devoir. De cette manière, quoique le temps ne fût pas
toujours beau ce jour-là, quoique nous eussions quelquefois de la pluie et même de l'orage à essuyer, nous
arrivâmes frais et gaillards, sans avoir ressenti de fatigue ni d'ennui; et le bon repas que nous fîmes en arrivant acheva de remplir heureusement cette journée.

— Voilà un récit très fidèle de notre expédition,
excepté dans quelques circonstances, que je te sais
pourtant gré d'avoir omises, telles que cette action si
touchante d'aller prendre un aveugle par la main pour
l'empêcher de se casser les jambes contre un monceau
de pierres sur lequel il allait tomber; les secours que
tu prêtas au petit blanchisseur pour ramasser un paquet de linge qui était tombé de sa charrette; les au-
mônes que tu fis aux pauvres que tu rencontrais.

5

— Eh! mon papa, croyez-vous que je l'eusse oublié?
Mais je sais qu'il ne faut pas se vanter des bonnes œu-
vres qu'on peut avoir faites.

— Aussi je me plais à te les rappeler pour te récompenser de ta modestie. Il est juste que je te rende une
partie du plaisir que tu me fis goûter.

— Oh! je vis bien deux ou trois fois des larmes rouler dans vos yeux. J'étais si content! Si vous saviez
combien cela me délassait! J'en marchais bien plus
lestement ensuite. Mais venons à l'application que vous
m'avez promise.

— La voici, mon ami. Prête-moi l'attention dont tu
es capable.

— Je n'en perdrai rien, je vous assure.

— Le coup d'œil que tu jetas du haut des tours sur
tout le paysage qui t'environnait, c'est la pemière réflexion d'un enfant sur la société qui l'entoure. La promenade que tu choisis, c'est la carrière que l'on se
propose de suivre. L'ardeur avec laquelle tu voulais
courir, sans consulter tes forces, et qui te fit faire tant
de faux pas, c'est l'impétuosité naturelle à la jeunesse,
qui l'emporterait à des excès dangereux, si un ami
sage et expérimenté ne savait la modérer. Les connaissances agréables que tu recueillis le long du chemin
dans notre entretien et dans nos lectures, ton devoir
que tu eus encore le temps de remplir, les actes de
bienfaisance et de charité que tu exerças, t'adoucirent
la fatigue de la route, t'en abrégèrent la longueur, et
te la firent parcourir gaiement, malgré la pluie et l'o-
rage; il n'est pas d'autres moyens dans la vie pour en
bannir l'ennui, pour y conserver la paix du cœur avec
la satisfaction de soi-même, pour se distraire des chagrins et des revers qui pourraient nous accabler. Enfin
le bon repas que je te fis faire au bout de ta course
n'est qu'une faible image de la récompense que Dieu

nous réserve, à la fin de nos jours, pour les bonnes actions dont nous les aurons remplis!

— Oui, mon papa ; cela cadre tout juste. Oh! quel bonheur je vois pour moi dans l'année que nous commençons aujourd'hui!

— C'est de toi seul qu'il dépend de la rendre heureuse. Mais revenons à notre voyage. Te souviens-tu lorsque nous arrivâmes à cet endroit que l'on nomme le Point-du-Jour? Le ciel était serein dans ce moment, et nous pouvions voir derrière nous tout l'espace que nous avions parcouru.

— Oh! oui. J'étais fier d'avoir fait tout ce chemin.

— Le serais-tu de même, aujourd'hui que la raison commence à t'éclairer, en portant un regard sur le chemin que tu as fait jusqu'ici dans la vie? Tu y es entré faible et nu, sans aucun moyen de pourvoir à tes besoins et à ta subsistance. C'est ta mère qui t'a donné les premiers aliments, c'est moi qui ai soutenu tes premiers pas. Que t'avons-nous demandé pour prix de nos soins? Rien que de travailler toi-même à ton propre bonheur, en devenant juste et honnête, en t'instruisant de tes devoirs, et en prenant du goût à t'en acquitter. Ces conditions, tout avantageuses pour toi, les as-tu remplies? As-tu été reconnaissant envers Dieu, pour t'avoir fait naître dans le sein de l'aisance et de l'honneur? As-tu montré à tes parents toute la tendresse, toute la soumission que tu leur dois? As-tu bien profité des instructions de tes maîtres? Ton frère et tes sœurs n'ont-ils jamais eu à se plaindre de quelque mouvement d'envie ou d'injustice de ta part? As-tu traité les domestiques avec douceur? N'as-tu rien exigé de trop de leur complaisance? L'esprit d'ordre et de justice, l'égalité de caractère, la franchise, la patience et la modération que nous cherchons à t'inspirer par nos leçons et par nos exemples, les as-tu?

— Ah! mon papa, ne regardons pas tant dans le
passé; j'aime mieux porter ma vue sur l'avenir. Tout
ce que j'aurais dû faire, oui, je vous le promets, je le
ferai.

— Embrasse-moi, mon fils; j'accepte ta promesse,
et j'y renferme tous les vœux que je forme à mon tour
pour toi dans ce renouvellement de l'année.

LES TROIS GATEAUX.

Il y avait un enfant qui s'appelait Henri. C'était un
fort joli petit garçon, et il aimait plus encore ses livres
que ses joujoux. Il fut un jour le premier de sa classe.
Sa maman en fut toute joyeuse. Elle y rêva toute la
nuit de plaisir, et le lendemain elle envoya un petit
pâtissier lui porter un énorme gâteau d'amandes, de
pistaches et de citrons confits. Lorsque le petit Henri
l'aperçut, il sauta autour de lui en frappant dans ses
mains. Il n'eut pas la patience d'attendre qu'on lui
donnât un couteau pour le couper; il se mit à le ron-
ger à belles dents, comme un petit chien. Il mangea
jusqu'à ce que la cloche sonnât l'heure de l'étude; et
lorsque l'étude fut finie, il se remit à manger. Il en
mangea encore jusqu'à l'heure de se mettre au lit. Un
de ses camarades m'a même assuré que Henri, en se
couchant, mit le gâteau sous son chevet, et qu'il se
réveilla plusieurs fois la nuit pour le grignoter.
Mais il est très sûr, au moins, que le lendemain au
point du jour il recommença de plus belle, et qu'il continua ce train toute la matinée, jusqu'à ce qu'il ne restât plus une seule miette de ce grand gâteau. L'heure
du dîner arriva; Henri n'avait plus d'appétit, et il

voyait avec jalousie le plaisir que prenaient les autres
enfants à faire ce repas. Ce fut bien pis encore à
l'heure de la récréation. On venait lui proposer des
parties de boule, de paume, de volant : il n'avait pas
envie de jouer, et ses compagnons jouèrent sans lui,
quoiqu'il en crevât de dépit. Il ne pouvait plus se soutenir sur ses jambes ; il s'assit dans un coin d'un air
boudeur, triste, pâle, abattu. Le principal, très inquiet,
eut beau le questionner sur la cause de son mal, Henri
ne voulut point l'avouer. Heureusement on découvrit
que sa maman lui avait envoyé un grand gâteau, qu'il
s'était dépêché de le manger, et que tout le mal venait de sa gourmandise. On envoya aussitôt chercher
le médecin, qui lui fit avaler je ne sais combien de dro-
gues plus amères les unes que les autres. Le pauvre
Henri les trouvait bien mauvaises ; mais il fut obligé
de les prendre, de peur de mourir, ce qui lui serait in-
failliblement arrivé. Au bout de quelques jours de remèdes et d'un régime très rigoureux, sa santé se rétablit enfin ; mais sa maman protesta qu'elle ne lui en-
verrait plus de gâteaux.

Il y avait aussi dans la pension de Henri un autre
enfant qui s'appelait François. François avait écrit à
sa maman une lettre fort jolie, où il n'y avait pas une
seule rature. Sa maman, en récompense, lui envoya
aussi, le dimanche suivant, un gâteau ; François dit
en lui-même : Je ne veux pas me rendre malade
comme ce goulu de Henri. Je ferai durer mon plaisir
plus longtemps. Il prit le gâteau, qu'il eut beaucoup
de peine à porter, et il alla l'enfermer dans son armoire. Tous les jours, pendant les heures de récréation, il s'esquivait adroitement d'entre ses camarades,
montait sur la pointe du pied dans sa chambre, cou-
pait un morceau de son gâteau, et renfermait le rest
à double tour. Il continua de même jusqu'au bout

la semaine, et le gâteau n'en était encore qu'à moitié, tant il était grand! Mais qu'arriva-t-il? A la fin le gâteau se dessécha et se moisit; les fourmis trouvèrent aussi le moyen de s'y glisser pour en avoir leur part; en sorte que bientôt il ne valut plus rien du tout, et François fut obligé de le jeter en pleurant de regret; mais personne n'en fut fâché pour lui.

Il y avait encore dans la même pension un enfant dont le nom était Gratien. Lui reçut aussi un gâteau de sa maman. Aussitôt que la pâtisserie fut arrivée, Gratien dit à ses camarades : Venez voir ce que m'envoie maman, il faut tous en manger. Ils ne se le firent pas répéter deux fois; ils coururent autour du gâteau comme tu vois les abeilles voltiger autour de la fleur qui vient d'éclore. Gratien coupa une partie du gâteau en autant de portions qu'il y avait de ses petits amis. Ensuite il prit le reste, et dit : Voici ma portion à moi, je la mangerai demain. Il alla jouer, et tous les autres s'empressèrent de jouer avec lui à tous les jeux qu'il voulait choisir.

Un quart d'heure après, il vint dans la cour un vieux pauvre avec son violon. Il avait une longue barbe toute blanche; et comme il était aveugle, il se faisait conduire par un petit chien qu'il tenait au bout d'une longue corde. Lorsque le vieil aveugle se fut assis sur une pierre et qu'il eut entendu les enfants autour de lui, il leur dit : Mes petits messieurs, si vous voulez, je vais vous jouer les plus jolis airs que je sais. Les enfants ne demandaient pas mieux. Le vieillard accorda son violon, et il leur joua des airs de sarabandes et de toutes les chansons nouvelles de l'ancien temps. Gratien s'aperçut que, tandis qu'il jouait les airs les plus gais, une grosse larme tombait le long de ses joues, et lui dit : Bon vieillard, pourquoi pleures-tu? Le vieillard lui répondit : Parce que j'ai bien faim. Je n'ai per-

sonne dans le monde qui nous donne à manger, à mon
chien ni à moi. Si je pouvais travailler pour nous
faire vivre tous deux! mais j'ai perdu mes yeux et mes
forces Hélas! j'ai travaillé jusqu'à ma vieillesse, et
aujourd'hui je n'ai pas de pain. — Gratien pleurait
comme le vieillard. Il s'en alla sans rien dire, et courut chercher le reste du gâteau qu'il avait gardé pour
lui; puis il revint tout joyeux, et mit le gâteau dans
les mains du vieillard. Le pauvre aveugle posa son
violon à terre, essuya ses yeux, et se mit à manger. A
chaque morceau qu'il portait à sa bouche, il en réservait pour le petit chien fidèle qui venait dîner dans sa
main. Et Gratien, heureux, debout à son côté, souriait
de plaisir.

LA POULE.

Cyprien était heureux d'avoir un père d'un cœur si
tendre, d'un esprit si équitable! Lorsqu'il avait été
pendant quelques jours sage et diligent, il pouvait se
promettre que M. de Tourville ne manquerait pas de
lui en témoigner sa satisfaction par une récompense
flatteuse. Il avait du goût pour la culture des fleurs et
pour le jardinage. Son papa s'en était aperçu, et il profita de cette remarque pour lui procurer, par ce moyen,
de nouveaux plaisirs.

Ils étaient un jour à table. Cyprien, lui dit son père,
ton précepteur vient de me dire que tu connaissais
aujourd'hui l'histoire romaine et la géographie de l'Italie : si dans huit jours tu peux me rendre un compte
exact de ce que tu auras appris, je te défie d'imaginer
le prix que je réserve à ton application.

Cyprien, comme on peut le croire, retint aisément

ce discours. Il travailla toute la semaine sans se rebu-
ter. Que dis-je! il y prit tant de plaisir, qu'en vérité
c'eût été à lui d'en récompenser son papa.

Le jour de l'épreuve arriva sans l'inquiéter. Il sou-
tint à merveille son examen. Il savait déjà toute l'histoire des rois de Rome, et il traçait lui-même sur la
carte les accroissements progressifs de cet empire naissant.

M. de Tourville, transporté de joie, prit et serra la
main de son fils. Allons, lui dit-il en l'embrassant,
puisque tu as cherché à me causer du plaisir, il est
juste que je t'en procure à mon tour. Il le conduisit, à
ces mots, dans le jardin, et lui montrant un carré : Je
te le cède, lui dit-il. Tu peux le diviser en deux parties ; cultiver dans l'une des fleurs, et dans l'autre des
légumes à ton choix. Ils allèrent ensuite vers une petite loge adossée à la cabane du jardinier. Cyprien y
trouva une bêche, un arrosoir, un râteau, et tous les
autres instruments du jardinage, fabriqués exprès
pour sa taille, et proportionnés à ses forces. Les murs
étaient tapissés de paniers et de corbeilles. On voyait
sur des planches des boîtes remplies de griffes et d'o-
gnons de fleurs, et des sachets pleins de graines d'her-
bages; le tout bien étiqueté d'une belle écriture, avec
une carte pendante qui marquait le temps des semen-
ces et des récoltes.

Il faudrait être encore à l'âge heureux de Cyprien
pour se représenter l'excès de sa joie. Son petit coin de
terre était pour lui un grand royaume ; et toutes les
heures de relâche qu'il perdait auparavant à polisson-
ner, il les employait utilement à cultiver son jardin.

Un jour qu'il en sortait, il oublia imprudemment de
tirer la porte après lui. Une poule s'aperçut de son
étourderie, et eut la fantaisie d'aller à la chasse sur
ses terres. Les planches de fleurs étaient couvertes

d'un terreau bien gras, et par conséquent abondant en vermisseaux. La poule, friande de cette nourriture, se mit à gratter de ses pieds et à creuser de son bec pour en déterrer. Elle établit de préférence ses fouilles dans un endroit où Cyprien venait de transplanter des œillets.

Quelle fut la colère du petit garçon lorsqu'à son retour il vit cette jardinière nouvelle labourer de la sorte ses plates-bandes! Ah! maudite bête, lui cria-t-il, tu vas me le payer! Il courut aussitôt fermer la porte, de peur que la victime n'échappât à sa vengeance, et ramassant du sable, des cailloux, des mottes de terre, tout ce qu'il pouvait saisir, il les lui jetait en la poursuivant.

La pauvre poule tantôt courait de toute sa vitesse, tantôt, prenant l'essor, cherchait à s'élever au-dessus des murs : son vol n'allait pas à cette hauteur. Elle retomba malheureusement une fois sur les planches de fleurs de Cyprien, et s'embarrassa des pieds et des ailes dans les touffes de ses plus belles jacinthes.

Cyprien, qui la vit ainsi enchevêtrée, crut tenir sa proie. Deux planches de tulipes et de giroflées le séparaient encore d'elle : emporté par la rage, il les foule lui-même impitoyablement sous ses pieds, pour franchir plutôt l'intervalle. Mais la poule, redoublant d'efforts à l'approche de son ennemi, vient à bout de se dégager, et s'élève de plus belle, emportant à sa patte une jacinthe rose à dix cloches. Cyprien avait saisi son râteau ; il le lance de toute la roideur de son bras. Le râteau tournoyant, au lieu d'atteindre son but fugitif, n'atteignit qu'une glace du pavillon du jardin, qu'il mit en pièces, et se fracassa lui-même deux dents en retombant sur le pavé.

Le petit furibond, plus acharné par tous ces malheurs, avait couru prendre sa bêche, et le nouveau combat aurait eu des suites funestes pour son adversaire, qui, de fatigue et d'étourdissement, s'était allé rencogner contre une tonnelle, si M. de Tourville, que le bruit avait dès le commencement attiré à sa fenêtre, ne fût venu à son secours.

A peine Cyprien l'eut-il aperçu, qu'il s'arrêta tout confus, et lui dit : Voyez, voyez, mon papa, le ravage que cette maudite poule a fait dans mon jardin.

—Si tu en avais fermé la porte, lui dit froidement son père, ce dommage ne serait pas arrivé. J'ai vu ta conduite. N'as-tu pas eu honte de rassembler toutes tes forces contre une poule? Elle est privée des lumières de la raison; et si elle a fourragé tes œillets, ce n'était pas pour te nuire, mais pour chercher sa pâture. Te serais-tu mis en fureur contre elle si elle n'avait gratté que dans les orties? Et d'où peut-elle avoir appris à faire une différence entre les orties et les œillets? C'est à toi seul qu'il faut t'en prendre des trois quarts du dégât. Il fallait la chasser avec précaution, pour ne rien endommager de plus. Ma glace et ton râteau ne seraient pas en pièces : toute la perte serait bornée à quelques fleurs. Il n'y a donc que toi de punissable. Si je coupais une branche de ce noisetier, et que je te fisse éprouver le même traitement que tu voulais faire subir à la poule, ne serais-je pas plus juste que toi? Je n'en ferai rien, pour te convaincre qu'il ne dépend que de nous de retenir notre colère. Mais pour la glace que tu m'as cassée, tu voudras bien me la payer de l'argent de tes semaines. Je ne dois pas souffrir de la folie de tes emportements.

Cyprien se retira confondu, et de toute la journée il n'osa lever les yeux sur son père.

Le lendemain, M. de Tourville lui demanda s'il ne serait pas bien aise de l'accompagner à la promenade. Cyprien le suivit, mais d'un air de tristesse qu'il s'efforçait vainement de cacher. Son père s'en aperçut, et lui dit : Qu'as-tu donc, mon fils? tu me parais affligé.

— Eh! mon papa, n'ai-je pas le sujet de l'être? Il y a un mois que j'économise sur mes plaisirs pour faire un petit présent à ma sœur. J'ai ramassé douze francs que je destinais à lui acheter un joli chapeau, et il faut que je vous en donne peut-être la moitié pour la glace que j'ai cassée.

— Je crois que tu aurais eu bien du plaisir à donner a ta sœur cette marque d'amitié; mais il faut que ma glace soit payée la première. Cette leçon t'apprendra, pour toute ta vie, à ne pas t'abandonner à tes fureurs, de crainte d'empirer le premier mal. — Ah! je ne laisserai jamais la porte du jardin ouverte, et je ne m'en prendrai plus aux poules de mes étourderies.

— Mais crois-tu que, dans ce vaste univers, il n'y ait que les poules qui puissent te fâcher?

— Eh! mon Dieu! non. Tenez, la semaine dernière, j'avais laissé ma mappemonde sur la table. Ma petite sœur vint dans mon cabinet, prit une plume et de l'encre, et barbouilla si bien toute la façade du globe, qu'il n'est plus possible de distinguer l'Europe de l'Amérique.

— Tu as donc à te préserver du tort que peuvent te faire aussi tes semblables?

— Hélas! oui, mon papa.

— Sans vouloir te dégoûter de la vie, je t'annonce que tu auras à y supporter bien d'autres dommages que ceux qu'une poule et ta sœur ont pu te causer. Les hommes cherchent leurs plaisirs et leurs intérets, comme les poules cherchent les vermisseaux; et ils les chercheront aux dépens de tes biens, comme les poules aux dépens de tes fleurs.

— Je le vois bien par l'exemple de Juliette : le petit

plaisir qu'elle a pris à faire ses griffonnages m'a coûté ma plus belle carte de géographie.

— Ne pouvais-tu pas prévenir cette perte en serrant la mappemonde dans ton portefeuille?

— Vraiment, oui.

— Songe donc à te comporter toujours si prudemment que personne ne puisse te faire de tort réel; mais si, malgré tes précautions, tu as le malheur d'en éprouver, sache le supporter de manière à ne pas le rendre plus préjudiciable.

— Et par quel moyen, mon papa?

— Par de l'indifférence, s'il est léger; par du courage, s'il est grave. J'ose te proposer pour exemple ma conduite envers M. Duclion.

— Ah! ne me parlez pas de cet homme. Depuis deux ans il ne vous regarde plus; et il n'y a sorte d'horreurs qu'il ne dise de vous dans le monde.

— Sais-tu ce qui le porte à ces indignités?

— Je n'ai jamais osé vous interroger là-dessus.

— C'est la préférence que j'ai obtenue pour un emploi que mon père avait exercé pendant trente-cinq ans avec honneur, et dans lequel j'avais été formé de bonne heure par ses instructions. Il n'avait d'autres titres, pour me le disputer, que son ignorance et son effronterie. Mes droits l'ont emporté sur toute sa faveur. Voilà ce qui m'a valu sa haine et ses calomnies.

— Ah! mon papa, si j'étais aussi grand que lui, je lui ferais bien rengaîner ses propos.

— Je suis de sa taille, et je le laise dire. La conduite que tu aurais dû tenir avec la poule, je la garde précisément envers lui. Les œillets dont elle a dépouillé la racine en cherchant de quoi se nourir, c'est l'estime publique dont je jouis qu'il travaille à déraciner, pour trouver à assouvir le ver qui le ronge. En cherchant à le punir, je foulerais sous mes pieds le respect et la

considération que je me dois à moi-même, comme tu
as foulé sous les tiens tes giroflées et tes tulipes. La
glace que tu m'as cassée, ton râteau que tu as édenté,
ce sont mes biens, mon repos et ma santé que je per-
drais dans une vaine et maladroite vengeance. Instruit
par l'accident que tu as souffert, tu fermeras désor-
mais ton jardin à la poule : instruit par la méchanceté
de mon ennemi, je mets, par ma bonne conduite, une
barrière insurmontable entre nous deux. Inaccessible
à ses atteintes, je goûte les fruits de ma modération,
tandis qu'il se consume dans les efforts de sa malice,
jusqu'à ce que les remords viennent le déchirer. En
m'affectant de ses outrages, je me ferais la victime
qu'il n'aspirait qu'à immoler, et mes dignes amis m'auraient reproché ma faiblesse : mon indifférence pour
ses injures le livre à ses propres mépris, et soutient la
haute opinion de mon caractère dans l'esprit de tous
les gens de bien.

— Ah! mon papa, que de chagrins dans la vie je puis
m'épargner en me souvenant de ce que vous venez de
m'apprendre.

Comme ils disaient ces mots, ils arrivèrent, sans y
songer, à la porte de leur maison. Leur entretien roula
sur le même sujet toute la soirée. Ils se séparèrent
fort contents l'un de l'autre. Cyprien s'endormit le
cœur plein d'une tendre reconnaissance pour les sa-
ges instructions qu'il avait reçues, et M. de Tourville
avec la satisfaction la plus sensible à un bon père, celle
de n'avoir pas vécu inutilement cette journée pour le
bonheur de son fils.

—◦◦◎◎◦—

LES BOTTES CROTTÉES.

Le jeune Constantin, fier de sa haute naissance, ne se contentait pas de mépriser, dans son opinion, toutes les personnes d'une condition inférieure; il se donnait quelquefois les airs de leur témoigner ouvertement ses mépris. Il voyait l'autre jour un domestique occupé à nettoyer les souliers de son père. — Fi! lui dit-il en passant, le vilain métier! Je ne voudrais pour rien au monde être décrotteur. — Vous avez raison, Monsieur, lui répondit Picard; aussi j'espère bien n'être jamais le vôtre.

Le temps avait été fort mauvais pendant toute la semaine; mais vers midi le ciel s'éclaircit, et Constantin obtint de son papa la permission d'aller se promener à cheval; ce qui lui fit d'autant plus de plaisir que sa cavalcade avait été interrompue la veille par une pluie affreuse, en sorte que ses bottes n'avaient pas encore eu le temps de sécher.

Transporté de joie, il descendit précipitamment à la cuisine, en criant d'un ton impérieux : Picard, je vais monter à cheval; cours nettoyer mes bottes. Eh bien! m'obéis-tu? Picard ne fit pas semblant de l'entendre, et continua tranquillement son déjeuner. Constantin eut beau s'emporter contre lui, et l'accabler des injures les plus grossières, Picard se contenta de lui répondre d'un grand sang-froid : Je vous ai déjà dit, Monsieur, que j'espérais n'être jamais votre décrotteur.

M. Constantin, voyant qu'il n'en pouvait rien obtenir malgré ses menaces, retourna plein de rage vers

son papa lui porter des plaintes de cette désobéis-
sance. M. de Marsan, qui ne pouvait comprendre pourquoi son domestique refusait de remplir des fonctions
comprises dans son emploi, et dont il s'acquittait tous
les jours sans attendre de nouveaux ordres, fit appeler
Picard, qui lui raconta ce qui s'était passé entre Constantin et lui. Sa conduite fut approuvée de M. de Marsan ; et après avoir blâmé celle de son fils, il lui dit
qu'il n'avait qu'à nettoyer ses bottes de ses propres
mains, ou prendre le parti de rester à l'hôtel. Il défendit en même temps à tous les domestiques de l'aider
dans cette opération. Cela vous apprendra, Monsieur,
ajouta-t-il, combien il est cruel de ravaler des services utiles à notre bien-être, dont vous devriez adoucir
la rigueur par un ton honnête et des égards généreux.
Si cet état vous paraît vil, vous l'ennoblirez en l'exer-
çant aujourd'hui pour vous-même.

Cette sentence convertit en un chagrin amer toute la
joie que Constantin venait d'éprouver. Il aurait bien
voulu monter à cheval ; le temps était devenu si serein !
mais décrotter lui-même ses bottes ? il ne pouvait s'y
résoudre. D'un autre côté, son orgueil ne lui permet-
tait pas de sortir avec des bottes crottées, pour être
un objet de ridicule à tous les cavaliers qu'il trouverait sur son chemin. Il s'adressa successivement à tous
les domestiques, dont il voulut corrompre, à prix d'argent, la fidélité ; mais aucun n'osait enfreindre les ordres de son maître. Ainsi Constantin fut obligé de rester à la maison, jusqu'à ce que sa fierté se fût enfin
abaissée à remplir les conditions qu'on avait exigées.
Picard reprit de lui-même le lendemain ses fonctions
ordinaires ; et Constantin, après les avoir exercées une
fois, ne s'avisa plus de chercher à les avilir.

LES FRAISES ET LES GROSEILLES.

Le petit Anselme avait entendu dire à son père que
.es enfants ne savaient rien de ce qui pouvait leur convenir, et que toute leur sagesse était de suivre les con-
seils des personnes au-dessus de leur âge. Mais il n'a-
vait pas voulu comprendre cette leçon, ou peut-être
l'avait-il oubliée.

On avait partagé entre son frère Prosper et lui un
petit carreau du jardin, afin que chacun eût sa portion
de terre en propre. Il avait été permis d'y semer ou d'y
planter tout ce qu'ils voudraient.

Prosper se souvenait à merveille de l'instruction de
son père. Il alla trouver le jardinier, et lui dit : Mon
ami Rufin, dis-moi, je te prie, ce que je dois planter
dans mon jardin, et comment il faut m'y prendre. Rufin
lui donna des ognons et des graines choisies. Prosper
courut aussitôt les mettre en terre. Rufin eut la complaisance d'assister à ses travaux et de les diriger.

Anselme levait les épaules de la docilité de son
frère. — Voulez-vous, lui dit le jardinier, que je fasse
aussi quelque chose pour vous? — Fi donc ! lui répondit Anselme ; j'ai bien besoin de vos leçons ! Il alla
cueillir des fleurs, et les planta par la tige dans la terre.
Rufin le laissa faire comme il voulut.

Le lendemain, Anselme vit que toutes ses fleurs
étaient fanées et penchaient tristement leur front. Il
en planta d'autres qui furent dans le même état le jour
d'après. Il fut bientôt dégoûté de cette manœuvre. C'é-
tait en effet acheter assez cher le plaisir d'avoir des
fleurs dans son jardin. Il cessa d'y travailler, et la

terre ne tarda guère à se couvrir d'orties et de char-
dons.

Vers le milieu du printemps, il aperçut sur le ter-
rain de son frère quelque chose de rouge suspendu
à des bouquets d'herbes. Il s'approcha : c'étaient des
fraises du plus beau pourpre et d'un goût exquis. —
Ah! s'écria-t-il, si j'en avais aussi planté dans mon jardin!

Quelque temps après, il vit de petites graines d'une
couleur vermeille qui pendaient en grappes entre les
feuilles d'un épais buisson. Il s'approcha : c'étaient des
groseilles appétissantes, dont la seule vue réjouissait
le cœur. — Ah! s'écria-t-il encore, si j'en avais planté
dans mon jardin! — Manges-en, lui dit son frère, comme
si elles étaient à toi.

— Il ne tenait qu'à vous, ajouta le jardinier, d'en
avoir d'aussi belles. Ne méprisez plus à l'avenir les avis
de personnes plus expérimentées que vous.

LE CADEAU.

C'est bientôt la fête de mon frère Denis, disait un
jour la petite Victoire à madame de Saint-Marcel sa
mère. Je ne sais que lui offrir pour bouquet. Ne pour-
riez-vous pas me donner quelque chose, maman, pour
lui faire un cadeau?

MADAME DE SAINT-MARCEL. Je le pourrais, sans doute,
ma fille; mais j'aime bien autant lui faire ce cadeau
moi-même. Crois-tu que je goûte moins de plaisir que
toi à donner? Et puis, fais une petite réflexion. Si je te
remets quelque chose pour lui en faire cadeau, c'est
moi qui fais le cadeau, et non pas toi.

VICTOIRE. Cela est vrai, maman : mais je voudrais pourtant bien avoir quelque présent à lui faire.

MADAME DE SAINT-MARCEL. Eh bien! Victoire, voyons. Comment faut-il nous y prendre? N'as-tu pas quelque chose à toi? Ton petit oranger, par exemple?

VICTOIRE. Mon oranger, maman, qui me fournit des fleurs pour tous mes bouquets?

MADAME DE SAINT-MARCEL. Et ton agneau?

VICTOIRE. O maman! mon agneau, qui me caresse avec tant d'amitié, et qui me suit partout?

MADAME DE SAINT-MARCEL. Et tes tourterelles?

VICTOIRE. Vous savez bien que je les ai nourries au sortir de l'œuf. Ce sont mes enfants à moi.

MADAME DE SAINT-MARCEL. Tu n'as donc rien à donner à ton frère?

VICTOIRE. Pardonnez-moi, maman.

MADAME DE SAINT-MARCEL. Et quoi donc?

VICTOIRE. Vous souvenez-vous de cette bourse à glands et à paillons d'or que ma tante m'a donnée pour mes étrennes? Elle est bien belle au moins.

MADAME DE SAINT-MARCEL. Cela est vrai. Mais penses-tu que ce présent fût bien agréable à ton frère? Il ne peut en faire usage de longtemps. Tu te rappelles bien que toi-même, lorsque tu la reçus, tu la serras dans le fond d'un tiroir pour ne l'en tirer qu'au bout de quelques années.

VICTOIRE. Mais, maman, c'est toujours un joli cadeau.

MADAME DE SAINT-MARCEL. Non, ma fille; un joli cadeau, c'est lorsque nous donnons par amitié une chose qui nous fait plaisir à nous-mêmes, et qui doit faire aussi plaisir à celui à qui nous la donnons.

VICTOIRE. Faut-il donc que je donne à mon frère tout ce que j'aime?

MADAME DE SAINT-MARCEL. Non; tu peux donner

autant ou si peu que tu veux, pourvu que tu y mettes de l'amitié et de la grâce.

VICTOIRE *réfléchit pendant quelques moments, et elle dit :* Eh bien ! je cueillerai pour le bouquet de mon frère les plus jolies fleurs de mon oranger, et je lui ferai présent de mon agneau.

MADAME DE SAINT-MARCEL. Fort bien, Victoire. Voilà qui annonce de l'amitié.

VICTOIRE. Ce n'est pas tout, maman. Je veux tous ces jours-ci sortir avec mon frère, pour que mon agneau s'accoutume à le suivre comme moi. De cette manière l'agneau sera déjà familier avec lui quand je le lui donnerai, et mon frère ne l'en caressera qu'avec plus de plaisir.

MADAME DE SAINT-MARCEL. Embrasse-moi, ma fille. Cette attention délicate double le prix de ton présent. C'est ainsi que la moindre bagatelle devient un objet précieux lorsqu'elle est donnée avec grâce. Tu ne pouvais nous causer une plus grande joie, à moi ni à ton frère.

VICTOIRE, *avec vivacité.* Ni à moi-même non plus.

MADAME DE SAINT-MARCEL. Tu t'en réjouiras encore davantage quand le jour sera venu, car il faut bien que je sois pour quelque chose dans la fête, et je veux que tu fasses pour moi les honneurs d'une petite collation qu'on servira dans le jardin, à ton frère et à ses meilleurs amis.

Victoire baisa avec transport la main de sa maman : et de ce pas elle courut faire des rosettes d'un joli ruban rose, pour en parer l'agneau le jour qu'elle le présenterait à son frère.

LA RENTE DU CHAPEAU.

Un paysan entra un jour dans une boutique, et mettant son chapeau sur le comptoir, il pria le marchand de lui prêter six francs sur ce gage. — Me prends-tu pour un sot? lui répondit celui-ci. Je ne te prêterais pas deux sous sur une pareille guenille. — Tel qu'il soit, répliqua le paysan, je ne vous le donnerais pas pour vingt écus ; et j'ai pourtant bien besoin de l'argent que je vous demande. Il y a huit jours que je vendis ici du blé. Je devais en recevoir le montant aujourd'hui, et je comptais là-dessus pour payer demain ma taille, si je ne veux voir saisir mes meubles. Mais le pauvre homme qui me doit vient d'enterrer son fils. Sa femme est malade de chagrin, et ils ne peuvent me payer que dans huit jours. Comme j'ai pris souvent de la marchandise chez vous, et que vous me connaissez pour un honnête homme, j'ai pensé que vous ne feriez pas de difficulté de me prêter les six francs dont j'ai besoin. Ce n'est rien pour vous, et c'est beaucoup pour moi. En tous cas, voilà mon chapeau qui vous en répond. C'est une caution plus sûre que vous ne pensez. Le marchand ne fit que ricaner en haussant les épaules, et lui tourna le dos sans pitié.

Le comte de *** se trouvait alors par hasard dans la boutique. Il avait écouté avec attention le discours du paysan, et avait été frappé de l'air de probité que respirait sa physionomie. Il s'approcha doucement de lui, et lui mettant six francs dans la main : Voilà ce que vous demandez, mon ami, lui dit-il. Puisque vous trouvez des gens si durs, c'est moi qui aurai le plaisir de vous obliger. Il sortit brusquement à ces mots, en lançant un regard d'indignation au marchand; et son carrosse était déjà loin avant que le paysan, immobile d'étonnement et de joie, fût revenu un peu à lui-même.

Un mois après, le comte de *** traversait le pont Royal dans sa voiture : il entendit une voix qui criait inutilement au cocher d'arrêter. Il mit la tête à la portière, et vit sur le trottoir un homme qui courait à toutes jambes en suivant le pas de ses chevaux. Il tira le cordon pour retenir la bride dans la main du cocher. Aussitôt l'homme s'élance à la portière, et lui dit: Excusez, je vous prie, Monsieur. Je me suis mis hors d'haleine pour vous attraper. N'est-ce pas vous qui me glissâtes, il y a un mois, six francs dans la main, chez un marchand? — Oui, mon ami, je m'en souviens. — Eh bien! Monsieur, voici votre argent que je vous rapporte. Vous ne m'aviez pas laissé le temps de vous remercier, et encore moins de vous demander votre nom et votre adresse. Le marchand ne vous connaissait pas. Je suis venu me poster ici tous les dimanches pour voir si je vous verrais passer. Heureusement je vous trouve. Je n'aurais jamais été tranquille si je ne vous avais pas rencontré. Que Dieu vous récompense, vous et vos enfants, du service que vous m'avez rendu ! Je me félicite, lui répondit le comte, d'avoir obligé un si honnête homme ; mais je vous avoue que je ne m'attendais pas à me voir rentrer cet argent. C'était un petit présent que j'avais intention de vous faire. — Je n'en savais rien, Monsieur ; et puis je ne reçois point d'argent que lorsque je le gagne. Je n'avais rien fait pour vous, et vous aviez assez fait pour moi en me le prêtant. Daignez le prendre, je vous en supplie. — Non, mon ami ; il n'appartient plus ni à vous ni à moi. Faites-moi le plaisir d'en acheter quelque chose pour

vos enfants, et de leur présenter ce petit cadeau de ma
part. — A la bonne heure, Monsieur; j'aurais mauvaise
grâce de vous refuser. — Voilà qui est fini, n'en parlons plus. Mais éclaircissez-moi une chose qui n'a pas
cessé de tourmenter ma curiosité depuis l'autre jour.
Par quelle confiance osiez-vous demander six francs
sur votre chapeau, qui vaut à peine six sous? — C'est
qu'il vaut tout pour moi, Monsieur. — Et comment
donc, je vous prie, mon ami? — Je vais vous en faire
l'histoire.

Il y a quelques années que le fils unique du seigneur de notre village, en glissant sur les fossés du
château, tomba sous la glace. Je travaillais près de
là; j'entendis des cris, j'accourus, je me jetai tout ha-
billé dans le trou, et j'eus le bonheur d'en retirer l'enfant et de le porter vivant à son père. Mon seigneur
ne fut pas ingrat de ce service. Il me donna quelques
arpents de terre, avec une petite somme pour y bâtir
une cabane, monter mon ménage et me marier. Ce
n'est pas tout : comme j'avais perdu mon chapeau
dans l'eau, il posa le sien sur ma tête, en me disant
qu'il aurait voulu y mettre une couronne à la place.
Vous voyez à présent si je ne dois pas aimer beaucoup
ce chapeau. Je ne le porte 'guère aux champs. Tout
m'y rappelle assez la mémoire de mon bienfaiteur,
quoiqu'il soit mort. Mes enfants, ma femme, ma chaumière, ma terre, il n'est rien qui ne me parle de lui.
Mais lorsque je viens à la ville, je porte toujours mon
chapeau, pour avoir sur moi quelque chose de son
souvenir. Je suis fâché seulement qu'il commence à
s'user. Voyez-vous? il s'en va. Mais tant qu'il en restera un morceau, il sera toujours sans prix à mes
yeux.

Le comte avait été vivement attendri de ce récit. Il
prit son portefeuille, en tira une lettre, et donnant

l'enveloppe au paysan : Tenez, mon ami, lui dit-il, je suis obligé de vous quitter; mais voici mon adresse. Faites-moi le plaisir de venir me voir dimanche au matin.

Le paysan ne manqua point au rendez-vous. Aussitôt qu'il fut annoncé, le comte courut au-devant de lui, et le prenant par la main, il lui dit : Mon cher ami, vous ne m'avez point sauvé un fils unique; mais vous m'avez rendu un service : c'est de me faire aimer davantage les hommes, en me prouvant qu'il est encore des cœurs pleins d'honnêteté et de reconnaissance. Puisque les chapeaux figurent avec tant d'honneur sur votre tête, en voici un. Je ne demande point que vous quittiez celui de votre bienfaiteur; seulement, lorsqu'il ne vous sera plus possible de le porter, je vous demande la survivance pour le mien; et chaque année, à pareil jour, vous en trouverez ici un autre pour le remplacer.

Cette fondation n'était qu'un honnête prétexte dont se servait le comte pour ménager la fierté du paysan. Il savait trop bien qu'on ne doit chercher qu'à élever les sentiments de ceux qu'on oblige. Après avoir gagné son cœur par cette première liaison, il prit assez d'empire sur lui pour avoir le droit de répandre l'aisance dans la famille, que des malheurs avaient presque ruinée; et il eut la joie de la voir presque aussi heureuse de sa reconnaissance qu'il l'était lui-même de ses bienfaits.

FIN.

TABLE.

FIN DE LA TABLE.

Limoges. — Imp. Eugène Ardan et Cie.

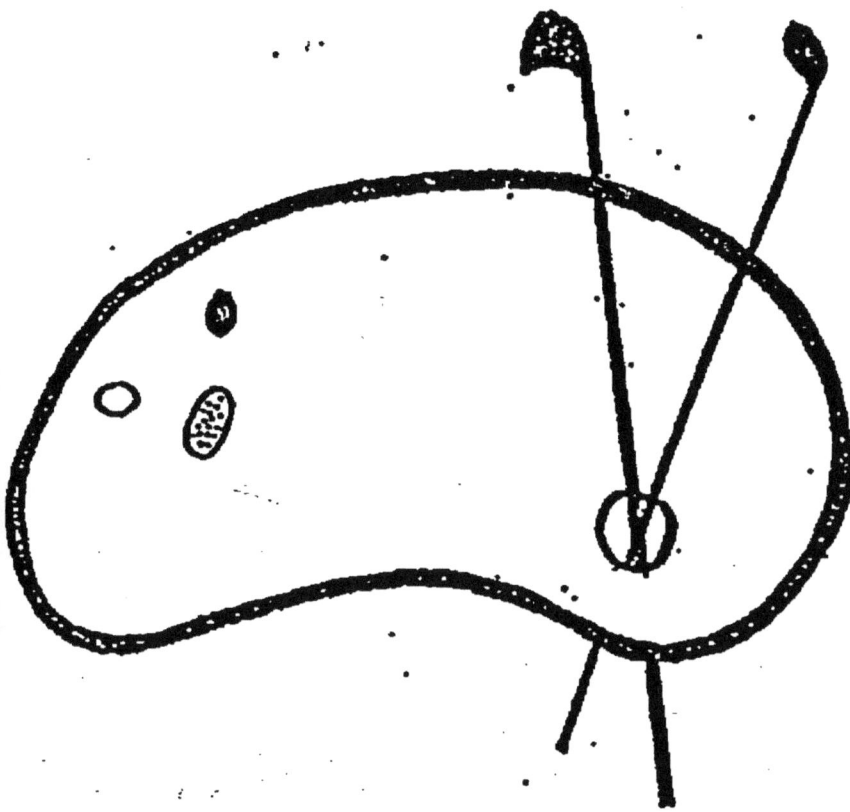

www.ingramcontent.com/pod-product-compliance
Lightning Source LLC
Chambersburg PA
CBHW051739090426
42738CB00010B/2329